介護福祉士のための教養学 ❷

# 介護福祉のための
# 社会学

下山久之 編

弘文堂

# はじめに

　現在、介護福祉の実践は食事・入浴・排泄という三大介護を超えて、精神的にも社会的にも豊かに生きることができる「生活の支援」であることが求められています。よりよい生活の支援を行うためには、援助者となる介護福祉士の人間や社会に対する理解を深めることが大切です。「介護福祉士のための教養学」はそのような意図のもと編集されました。

　この『介護福祉のための社会学』では、社会学の知識と理論を介護福祉の実践に活かせるように構成を考えました。社会学は、非常に幅の広い学問です。社会学で取り扱うテーマをすべて取り上げるのではなく、あくまでも「介護福祉」の実践に役立ちそうなことに内容を厳選しました。

　本書を読まれるみなさんにお伝えしておきたいことが3つあります。第1に社会学の知識や理論は、活用されてこそ意味があるということです。ぜひ知識や理論の習得にとどまらず、それを対人援助場面で活用できるように工夫してください。そして第2に知識や理論は、絶対的なものではないということです。社会的な状況が変わってくれば、社会を説明する知識や理論も変化していかなければなりません。つねに知識も理論も変化していくものです。その意味で、本書に紹介されている知識や理論も「絶対的なもの」と思わずに、自分自身で介護福祉の実践と照らし合わせて、考えていくようにしてください。実践に基づく知識や理論の構築が大切です。そして最後に、本書で得た知識や理論をぜひ自分自身の「いま・ここ」での生活に当てはめて、自分自身の理解を深めていってください。自分自身が生きることを楽しめているときに、豊かな「生活の支援」も具現化されることでしょう。自分自身の理解を深めることが、社会の理解や他者への支援も深めることにつながっていくものと思われます。

　人と人の関係が変われば、介護福祉の実践も変わっていきます。ぜひ、本書を通し、あらためて人と関わることについて考え、そして実践していってください。介護福祉において、素晴らしい出会いがあることを祈念申し上げます。

　　　　　　　　　　　　　　　　　　　　　　　　　編者　下山久之

# 『介護福祉のための社会学』目次

はじめに　　　　　　　　　　　　　　　　　　　下山久之　　1
本書の使い方　　　　　　　　　　　　　　　　　　　　　　4

## 【事例編】

事例1　**父親の病気を受け入れたくなかった息子の気持ち**　　13
　　　　―介護福祉施設を利用しての家族の再生―

事例2　**実習生の少し切なくつらい体験**　　17
　　　　―介護福祉における"優しさ"とは―

事例3　**やさしくなれない、先が見えない**　　21
　　　　―「介護家族」とは―

事例4　**病院でずっといたい**　　25
　　　　―精神障害者の地域生活の再獲得？―

事例5　**だれかがそばにいてくれた**　　29
　　　　―肢体不自由な私の普通の想い―

事例6　**妻の心が壊れていく**　　33
　　　　―「私」だけにわかるまなざしの背後にあるもの―

事例7　**ある日、突然、障害を負った青年と家族の苦悩**　　37
　　　　―ようやく長いトンネルの出口が見えてきた！―

事例8　**人生の終焉の支援**　　41
　　　　―それぞれの家族の立場、専門職の立場―

事例9　**俺を赤ん坊扱いするのか！**　　45
　　　　―高齢者の叫びと家族の苦悩、そして衝突―

事例10　**忙しさのなかで見失っていたもの**　　49
　　　　―組織のなかの中間管理職―

【理論編】

第1章　社会学を通して日常生活を見つめる　　　　下山久之　53
　　　　－社会学の分析視点－

第2章　社会的存在になるということ　　　　　　　下山久之　68
　　　　－社会化と適応－

第3章　理解すること　　　　　　　　　　　　　　出口泰靖　83
　　　　－コミュニケーション－

第4章　その人らしいということ　　　　　　　　　出口泰靖　98
　　　　－アイデンティティ－

第5章　〈普通〉と〈普通じゃない〉ということ　　下山久之　114
　　　　－逸脱論－

第6章　女であること、男であること　　　　　　　矢原隆行　129
　　　　－ジェンダーという視点－

第7章　〈家族〉であるということ　　　　　　　　中村裕美子　144
　　　　－家族という視点－

第8章　人びとの暮らすところ　　　　　　　　　　下山久之　159
　　　　－地域社会－

第9章　組織とそのなかで働く人びと　　　　　　　下山久之　173
　　　　－組織と専門性－

第10章　社会の見つめ方　　　　　　　　　　　　　矢原隆行　188
　　　　－社会調査という方法－

索　引　　　　　　　　　　　　　　　　　　　　　　　　　203

# 本書の使い方

　本書は、介護福祉現場に見られる出来事を事例として紹介しています。また、知っておくべき社会学の理論や知識を紹介していきます。介護福祉現場で見られる出来事を、社会学の理論や知識を用いて理解することができるとき、社会学で学んだことがはじめて介護福祉の実践にいかされたことになります。そこで、介護福祉現場の事例と社会学の理論と知識を、意識的に結びつけて理解を深めていくことが重要となります。ここでは、介護福祉現場の事例と社会学の理論と知識を結びつける工夫について説明します。

## 1．本書の構成

　本書は、前半に事例編、後半に理論編という構成になっています。事例編には10事例が紹介されています。このうち8事例は、心理学、医学、倫理学、法学、経済学との共通事例です。そして残る2事例が社会学独自の事例となります。

　事例編には欄外に「【社会学】組織」というような用語をのせています。これはその事例で扱っている事柄を、より深く理解していくために役立つ用語です。それぞれ4ページにおよぶ事例のなかでも、その事例に含まれるちょっとした出来事を理解するために役立つ用語を、極力、その出来事を記述してあるすぐそばの欄外に配置しています。共通事例では、社会学の用語のみならず、心理学や医学の用語ものせています。介護福祉現場で起こるひとつの現象を、社会学の視点、心理学の視点、医学の視点というそれぞれから見つめてみることにより、より深く立体的に事例を理解することができるようになります。そこで、ぜひひとつの事例を他の分野の理論とも結びつけて理解していってください。（図1参照）

　そして事例の最後に、その事例を読み解くヒントとして【考えてみよう！】というコーナーを設けています。【考えてみよう！】では、その事例を読み解

図1　事例編の例

> 　もしかしたら、今日の状況は自分が作り上げたのかもしれない。みんなできちんとYさんへの関わり方を徹底して話し合うことができなかったから、経験の浅い職員であるKは対応できなかったのかもしれない。精一杯の対処が、トレイに閉じ込めるということだったのだろうか。こんな状況を作り上げてきた自分の仕事は何だったんだろうか。介護主任になってから、主任業務ということの意味がまったくわからないままに今日を迎えていたことと、自分のつらさにばかり目を向けていたことに今、初めて気づいた。自分がYさんとKのためにできることは何だろうか。絶望のどん底に落ち込みながら、でも同時に一縷の望みが見えてきたそんな瞬間でもあった。
>
> ［社会学］
> 意図せざる結果
>
> ［医学］
> 燃えつき症候群
>
> ［心理学］
> 動機づけ
> ［倫理学］
> 介護倫理
>
> 考えてみよう！
> ・介護専門職としての「仕事のやりがい」とは？
> ・利用者や他の職員との「ほどよい距離感」とは？
> ・「忙しさ」は、どのようなときに感じるのだろうか？
> ・認知症の人の感じている世界とは？
> ・介護現場における中間管理職に求められる資質や能力とは？

くための視点となる「問いかけ」がなされています。いくつかの「問いかけ」がありますが、それぞれ社会学、心理学、医学などの理論分野への橋渡しとなるものです。ここに記されている「問いかけ」以外にも、みなさん自身で自由にさまざまな「問いかけ」を作っていってください。

　理論編には、10章のテーマがおさめられています。それぞれの章のはじめに、導入としてどのような視点で、この章を学んでいくかが示されています。理論編のなかに記される**専門用語はゴチック体で太字**になっています。さらに詳しい説明が必要な事柄については、欄外に注をつけ、付記するようにしています。

また、それぞれの章の最後には、【さらに勉強したいひとのために】というコーナーで、参考図書を紹介しています。興味があるテーマをさらに掘り下げて勉強していってください。（図2参照）

図2　理論編の例

> ひとつの比較的短いインタビューからも、何十、何百というコードが生み出されることもあります。そうした多数のコードをあらためてまとめていくなかで複数のカテゴリーが形成されます。さらに、カテゴリー間の関係を明確化していくなかで、分析が進められます。こうしたデータのまとめ方を行う方法のひとつとして「**グラウンデッド・セオリー法**(注1)」があります。
>
> ### 3-2　シークエンス分析
> 　コード化やカテゴリー化を進めるなかで、データにおける固有の文脈が見失われる場合もあることから、データのそのような全体的性質に注意を払う立場にたつ「シークエンス分析」とよばれるアプローチがあります。
>
> 　以上に見てきたことは、社会調査という方法を用いて世界を理解するための入り口です。それぞれの方法についての詳しい解説書もたくさんありますから、以下にあげた文献なども参考にしながら、さらに自分に必要な分野について理解を深めていってください。
>
> さらに勉強したいひとのために
> 矢原隆行『はじめての介護研究マニュアル―アイデアから研究発表まで』保育社，2002年．
> 谷岡一郎『「社会調査」のウソ―リサーチ・リテラシーのすすめ』文藝春秋，2000年．
> 森岡清志編著『ガイドブック社会調査』日本評論社，1998年．
> 佐藤郁哉『フィールドワーク―書を持って街へ出よう』新曜社，1992年．
>
> （注1）アメリカの社会学者グレイザーとストラウスにより、データに密着（gro-unded on data）しつつ解釈を積み上げて理論の形にまとめていく研究のあり方として提起された社会科学の方法論。現在、国内でも社会学のみならず、看護学や医学、心理学など諸領域で広く関心を集めている。

## 2．事例を読もう！

　それぞれの事例にはタイトルとサブタイトルがついています。タイトルは、テレビドラマのタイトルのように、その事例をひとつの物語だとするとどのような内容であるのかを示すものです。サブタイトルは、その内容を介護福祉の専門性から説明したものになります。このタイトルとサブタイトルをひとつのヒントとして、事例をイメージしてみましょう。

　事例のなかには、さまざまな登場人物が現れます。それぞれの立場や気持ちを考えながら読み進めていきましょう。事例の背景をより深く理解するためには、欄外の専門用語を知ることが役立ちます。登場人物の立場や気持ちをより具体的にイメージできるようになると、介護福祉の実践力が高まります。介護福祉の実践には、出来事を物語としてとらえ、それを読み解く「読解力」が必要となります。事例を丁寧に読み解くことは、この読解力を高めることに役立ちます。

　事例を読んでしっかりイメージが湧いてくると、出来事が「映像化」されてくるでしょう。活字の世界から映像の世界へ発展させることができるようになると、読解力が高まってきているといえます。（図3参照）

　この事例のなかに記述されている事柄から、登場人物の立場や気持ちを理解

図3　活字を読んで映像化する

テキストの活字情報
「遠くから見ているときには、気づかなかったがバスケットボールをしている人たちは、車椅子を使用していた。」（事例5より抜粋）

し、そして次にこの登場人物たちが、事例で描写されている場面以外でどのような気持ちや状態で生活しているのかもイメージしてみましょう。登場人物の人柄や生活している様子もイメージできるようになったら、事例をもとに援助を考える準備ができたといえます。

　事例の読み解き方は、つねにひとつではありません。いろいろな読み解き方があります。そして唯一絶対の正解はありません。だからこそ、自分自身はこの事例をどのように読み解いたかを他の人たちと話し合ってみてください。ぜひ他の人の読み解き方も参考にしてください。他の人の意見を聞くと、新たな気づきが得られることもあります。それを活かし、自分自身が読み解いたストーリーをさらに深めていくようにするとよいでしょう。

　それぞれの事例は、テレビドラマの1回分の番組のようなものです。完結している物語ばかりではありません。この事例の、次回の物語を、より幸せなものにするには、どうすればよいかを考えてみましょう。どのような支援や新たな登場人物が出てくれば、物語のストーリーは変わっていくかを、できるだけ具体的に、そして現実的に考えてみてください。他の人の意見も参考に考えてみましょう。また今後の展開を考えていくときに役立つのが、【考えてみよう！】のコーナーにあげられている「問いかけ」です。ここにあげられている「問いかけ」以外にも自分たちでいろいろな「問いかけ」を考えてみてください。

## 3．事例と理論をつなごう！

　事例を丁寧に読み解いたはずなのに、なかなかよりよい解決策が見出せないこともあります。そのような時にさらなる発展した解決策を見出していくために役立つのが、理論と知識です。

　社会学の理論や知識は、それを学んだだけでは難しく、どう活用すればよいのかが分からないことがあります。活用する場面が見当たらない理論や知識は、真面目に学ぼうとしてもなかなか身につくものでもありません。こうして学問と実践の隔たりが生じてしまいます。学問を「机上の空論」とすることなく、現実の場面に活かせるものにするためには、意識的に現実への適用場面を想定することが大切です。そしてまた、社会学の授業のなかで学んだ理論や知識を、

事例のなかでどう活用することができるかを考えていくことが、現実への適用場面を想定することになります。簡単には、理論と知識を事例に結びつけることはできないかもしれません。しかし、簡単に諦めることなくどうすれば、その隔たりを小さくしていくことができるかを考え続けてみてください。また、本書は、ひとつひとつの事例が、どの章の理論と知識に結びつくという1対1の対応にはなっていません。ひとつの事例を、いくつかの章と結びつけて読み解いていくことも大切です。

また理論と知識を事例に当てはめてみた後、さらに理論や知識を検討しなおしてみましょう。理論や知識は、手を加えてはいけない「神聖な道具」ではありません。理論や知識は、さらによりよい道具にしていくために磨き上げていく必要があります。介護福祉の実践にいかせる道具にしていくためには、つねに道具を見つめなおしていくことが大切です。

## 4．授業の構成例

本書は、独学でも利用できますが、多くの場合、授業を通して利用されることでしょう。ここでは、本書を活用した授業の構成例を紹介します。（図4参照）

授業の構成例を見る前に、「授業時間」と「学習時間」の違いについて考えてみましょう。「授業時間」は、挨拶をして出席を取ってから授業が終了されるまでの時間です。多くの学校で90分として計算されていることでしょう。「学習時間」とは、「学習者にとって学習となっている時間」のことです。眠っている時間や意識が集中していない時間、あるいは理解できなくなっている時間は、学習時間から外されます。授業がよりよいものであるためには、「授業時間」＝「学習時間」であることが望ましいといえます。そのためには学習者が主体的に参加できる「学習者参加型授業」を構築することが有効だといわれています。学習者参加型授業の特徴は、学習者が「知識を吸収する時間」と、「吸収した知識を用いて考え、発言し、知識を使ってみる時間」の両方が、ひとつの授業のなかに含まれることにあります。知識を吸収する時間は「講義形式」、吸収した知識を用いて考え、発言し、知識を使ってみる時間は「グループワーク形式」で行われることが一般的です。

図4　授業構成の2つの例

```
授業の構成例1                          授業の構成例2
授業の開始                              授業の開始
事例の検討……グループワーク形式          理論・知識の吸収……講義形式（60分）
                    （20分）

                                        理論・知識をふまえた事例の検討
理論・知識の吸収……講義形式（45分）              ……グループワーク形式
                                                  グループによる検討
                              グループごとの発表
                                                  教員からのコメント
事例の再検討……グループワーク形式                         （30分）
            グループによる検討
            グループごとの発表
            教員からのコメント
                    （25分）
```

　きっと授業の最初には、挨拶をして、出席を取り、そしてその日のテーマが伝えられることでしょう。このときに合わせて、その日、取り上げる「事例」も紹介します。この挨拶から事例の紹介を経て、「事例の検討」までの時間を20分間ぐらい取ります。事例の検討では、【考えてみよう！】や教員からのアドバイスがよい羅針盤となります。この羅針盤が有効に活用されることにより、限られた時間でも効果的に事例を検討していくことができるでしょう。この時間は「グループワーク形式」で行うことにより、学習者自身が主体的に考え、発言することができます。この事例の検討の時間に、「問題意識」を形成しておくことが次の「知識の吸収」を促進させます。

　十分な問題意識ができた後は、「知識を吸収する時間」です。その日、取り上げるテーマについて、教員からの説明がなされることでしょう。この時間を45分ぐらい取ります。この時間は「講義形式」で行われます。事例に関係付けながら、講義が進行された場合、学習者はより理解しやすくなることでしょう。この時間に、しっかり「社会学の理論と知識」を吸収してください。

　吸収された理論や知識を、実際に活用してみるのが次の時間です。今、学んだ理論や知識を用いて、事例を検討しなおしてみます。最初に考えていた事例

の検討よりも、さらに深まっていくことができたとき、理論や知識が活かされたことになります。この事例の再検討の時間には、教員のアドバイスにより、焦点をひとつに絞ってみるのもよいでしょう。この時間は再度、「グループワーク形式」で行います。この時間のなかで、自分の意見を述べ、他の人の意見を聞き、そしてできればグループとしての意見をまとめてみましょう。このグループの意見を他のグループに発表してみることにより、さまざまな意見やものの見方があることに気づくでしょう。それぞれのグループの発表を聞き、最後に教員からのコメントがなされ、その授業は終了します。グループの意見の発表、教員のコメントも含め25分ぐらいとります。

　グループワーク形式、講義形式、グループワーク形式と3段階に分けて行う上記の方法以外に、最初に講義形式で60分間ぐらい理論と知識を吸収し、そして次にその理論と知識をふまえた事例の検討を30分間ぐらい行うという方法もあります。

　また事例やテーマによっては、1回の講義で完結せずに2回に渡って検討した方がよいこともあるでしょう。事例の検討だけで、思い切って90分間使ってみることも必要かもしれません。

　講義形式だけで90分間行い、その講義で得た理論や知識をふまえて事例を検討することを次の授業までの課題とし、レポートにまとめさせることもできるでしょう。

　あらかじめ事例を読んでくることを課題として、それから講義形式で授業を展開していくこともできるでしょう。

　自由に、柔軟に授業を構築し、「授業時間」＝「学習時間」としていってください。

## 5．他の科目と結びつけて事例を読み解こう！

　本書の最大の特色は、「介護福祉士のための教養学」シリーズ全体で8事例を共通事例としていることです。

　実際の介護福祉現場で起こる現象には、「医学」、「心理学」、「社会学」、「倫理学」、「法学」、「経済学」というそれぞれの教養科目が扱う現象をいくつも含んでいることが一般的です。そこでそれぞれの科目を横断する共通事例を用い、

同一の事例を「社会学」ではどのように読み解くか、あるいは「医学」ではどのように理解するか、といった具合に、総合的に事例を理解していくことのできる構成にしてあります。それぞれの科目において、介護福祉と理論を結びつけ、そして科目を横断して、統合的に「生活の支援」のあり方を深めていくことを目指してください。真に豊かな「生活の支援」を行うためには、統合的に生活を見つめていく視点を得ることが不可欠です。（図5参照）

図5　共通事例と全巻の関係

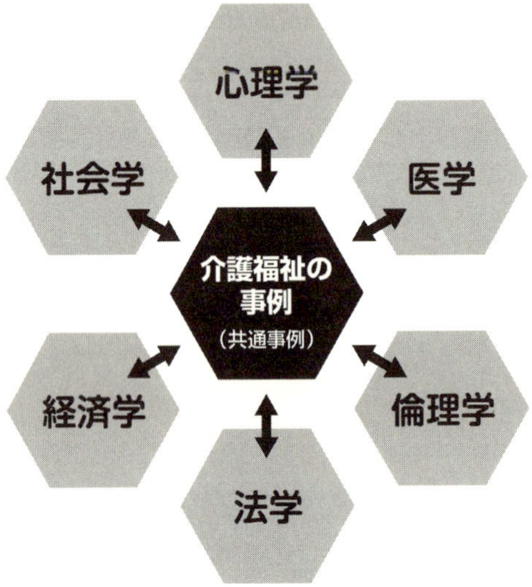

```
        心理学
社会学          医学
      介護福祉の
        事例
      （共通事例）
経済学          倫理学
        法学
```

介護福祉の事例を通し、教養科目を学び、
教養科目の知識で介護福祉の理解を深めていきます。

## 事例 1

# 父親の病気を受け入れたくなかった息子の気持ち
―介護福祉施設を利用しての家族の再生―

　独居の年老いた父親を引き取り、2年が経った頃、それまでの父親では考えられないような言動が見られるようになってきた。ちょっとおかしいなとは思いつつ、それ程、深刻に受け止めることもないままに過ごしていた。かつての凛とした厳しさは影を潜め、服装にも若干のだらしなさが見られるようになってきたし、遠慮のない発言で周囲を驚かせることも多くなってきた。

　日中、父親と一緒に過ごす妻からは、笑い事では済まされない数々の出来事を聞くことが続いた。

　「一度、お父さんに病院へ行くように勧めてください」という妻からの依頼に、渋々、父親に「父さん、最近、疲れがたまってきているんじゃないか。体調がよくないようなら一度、医者に診てもらったらどうかな」という私の勧めに、「どこを診てもらうと言うんだい。冗談じゃない。わしは、あと20年はピンピンしとるよ」と一蹴されてしまった。

　本人が行くといわない限り、そう簡単に病院へ連れて行くこともできないだろうと、無理強いすることは止めにした。しかし、妻は決して私の考えに納得していない様子であった。

　それから少し経つと、父親は夜中のトイレでの粗相が増えるようになってきた。トイレまで行くものの、下着を濡らしてしまうことも増えていた。しかし、その下着は洗濯機へ

[社会学]
アイデンティティのゆらぎ

[社会学]
家族

入れられず、必ず箪笥(たんす)へ戻されることとなった。妻が、「お父さん、もし下着を汚してしまうことがあったら、どうぞ遠慮なさらずに、どんどん着替えをしてくださいね。洗濯は毎日していますから、汚れ物は、洗濯機へお願いしますね」と言うと、「隣りの家の猫は、本当にしつけが悪い。わしの部屋の箪笥にまで忍び込んできおる。猫に粗相されてたまったもんじゃないわい」と平然とした顔で返答していた。この頃、いよいよ父親の様子はただ事ではないと妻は感じるようになっていたようだ。だが、私は自分の父親が、まさか認知症になろうとは思ってもいなかったのと、そして、そうであってほしくないという気持ちから、毎日の父親の不始末からあえて目をそむけていた。　　　　　　　　　　　　　　　　[心理学]
　　　　　　　　　　　　　　　　　　　　　　　　認知的不協和

　私が妻の報告に耳を傾けないことから、妻との関係も最近はあまりよくない。日中、父親と一緒に過ごす妻は、目を離すことができず、一日、父親の見守りをしなければならなくなっているという。
　そして、ついに見過ごすことのできない事態にまで至ってしまった。妻がちょっと買い物に出かけて帰ってきたら、玄関で父親に、「どちら様で。あいにく家の者は出払っておりますので、また出直してください」と追い返されてしまったのである。父親は、本当に妻の顔を分からなくなってしまったのだろうか。不安な気持ちでいっぱいになり、父親に付き添い、病院へ行くこととした。

　診断の結果は、アルツハイマー型認知症ということであ　　　　　　　　　　　[医学]　[心理学]
った。すでに中等度まで進行しているという。薄々気づいては　　　　　　　　　認知症
いたものの、父親の病気を認めたくないという気持ちから、
受診を遅らせてしまい、今日まで至ったことを後悔する気持
ちと、この先、父親はどうなるのであろうという不安で胸が

いっぱいになってきた。

　診断を受けた後の父親に対する妻の介護は、本当に献身的であった。「病気だったら仕方ないじゃないですか。お父さんが悪いんじゃない。お父さんの口の悪さも行動も病気がさせていること」とすべてを受け容れようとしている姿に、本当に感謝しつつも、その気持ちを妻に直接伝えることはなかった。 ［社会学］不払い労働

　父親は、失禁が増えていることから夜間は紙オムツを使用するようになってきた。使用している紙オムツは吸収量が多いとはいえ、多少なりとも濡れたままでは気持ち悪いであろうと、夜中にも妻は、父親のオムツ交換をしてくれていた。 ［医学］失禁

　ある夜、私は夜中に目を覚ましトイレへ行く途中で、父親の部屋でオムツ交換をする妻の姿が目に入ってきた。オムツ交換をされている父親の手が妻の胸を触ろうとしていた。「お父さん、オイタはダメですよ」と妻に軽く手をさえぎられたが、父親は諦めようとしない。それでも妻は怒ることをせず、軽くかわしている。見てはいけない場面を見てしまったようで、私はただ頭が真っ白になってしまった。父親は妻のことを、息子の嫁であると理解していないで、ただ素直に欲望のままに手を伸ばしたに違いない。もしかしたら、亡くなった母親と間違えたのかもしれない。しかし、そうであっても私には、父親のそのような行動を許容できる気持ちの余裕はなかった。やり場のない怒りと情けなさと、妻への申し訳ないという気持ちで混乱しながら、布団の中で眠れないまま朝を迎えることとなった。 ［社会学］ジェンダー

　夜中に見たことを口にすることもないまま数日が過ぎた日曜日、市内の認知症高齢者対応グループホームを私は一人で ［社会学］地域・密着型サービス

事例1　父親の病気を受け入れたくなかった息子の気持ち

見学していた。介護保険制度による地域密着型サービスで地域との結びつきを大切にしたサービスを行っているという。

　見学して驚いたのは、そこに住む高齢者はみな明るく、何一つ、おかしげな様子は見られないことであった。ここに来る前は「認知症高齢者ばかりが住むところだから」と偏見を持って考えていたが、実際の様子は、私の抱いていた先入観とは大きく異なっていた。スタッフは笑顔で高齢者たちと一緒に過ごしていた。「ここなら安心して父親を任せられるかもしれない」と、ホッとした気持ちになった。[社会学][心理学] 偏見

　家に帰り、妻に相談することにした。初めて妻への感謝の言葉を伝えつつ、「家族が家族であるためにも、新しい距離感と関係を構築していく必要を感じる。このままの生活ではいつか家族が壊れそうな気がする」と今の私が抱える気持ちを妻に伝えた。妻は静かに話を聞きながら頷いてくれた。「あなたとお父さんがそれでよいのなら」と、ただ静かに答えるのみであった。[心理学] 共感的理解

　父親を捨てるのではなく、そして介護を妻に押し付けるのではなく、新しい家族になるために、今、しなければいけないことを私はゆっくり考え始めていた。グループホームを利用しながらも、新しい家族になっていきたい。その気持ちは、ますます強くなっていった。

【考えてみよう！】
・「認知症の人」を抱えた家族の苦悩は？
・父親の認知症を認めたくない息子の気持ちは？
・空間的な距離をおきつつ、新しい家族になるとは？
・介護福祉施設に対する偏見とは？

# 事例 2

## 実習生の少し切なく、つらい体験
―介護福祉における"優しさ"とは―

　介護福祉士養成校に通うMは、最後の介護福祉施設実習となる今回の実習をとても楽しみにしていた。これまで学んできたことの集大成となる実習であり、今の自分に何ができるか期待に胸が膨らんだ。

　実習先は、介護老人保健施設Dであった。そこの2階で4週間の実習が始まった。実習が始まってすぐにとても気になるサービス利用者S氏（女性、84歳）が目に留まった。S氏は、日中、何もすることなくボーっと過ごしており、ただ不安そうに周囲を見渡すだけであった。施設の職員に聞くと、入所してまだ2週間でこの施設に慣れておらず、不安を抱えているのだろうということであった。この人の不安を一緒に取り除き、今のここでの生活を豊かなものにするお手伝いができたらと考え、介護計画の対象者としてS氏を選ぶことにした。施設の指導者T氏とS氏の了解を得て、実習生Mの介護計画対象者はS氏に決まった。

　Mは、まずS氏のことをよく知らなければいけないと思い、一緒に話す時間を多く取るようにした。だが、S氏とは、なかなか会話らしい会話にはならなかった。何をどう話したらよいのかわからず悩んでいたMに、職員は「故郷の話を嬉しそうに話していらっしゃることがあるよ。あなた自身の話もしながら、Sさんの故郷の話も聞いてみるといいよ」とアド

[社会学]
コミュニケーション

バイスを受けた。

　早速、MはS氏のところへ行き、自分の子どもの頃の話をしながらS氏の故郷の思い出や遊びの思い出を聞いてみた。するとS氏の表情は和みポツポツと思い出話を語り始めた。

　その思い出話の中には、とても大切な出来事とS氏の思いがつまっていた。とてもよい情報収集であると同時に、Mの中で具体的なS氏の人となりが思い描け、S氏に対してぜひ支援をしていきたいというMの思いもますます強くなっていったのである。

　その後、Mは施設の指導者に頼みS氏に対する介護を中心に実習を行わせてもらうようにした。S氏は、食事摂取も排泄もほぼ自分自身でできるため、職員からの介護は比較的少なく、介護に伴う危険度は少なかった。実習生が一人で関わっても事故に繋がる危険性はまずないと考えられた。そこで施設の指導者T氏は「Sさん本人ができることは、できるだけ本人にやってもらうことを大切にして、見守りをしていてくださいね。一緒に過ごしながら、Sさんの今、ここでの生活を楽しみたいという前向きな気持ちが出ていらっしゃるような支援になるといいですね」というアドバイスを与え、MがS氏を中心に実習を行うことを許可した。

　朝、施設に着き、2階のフロアへ行くとS氏がキョロキョロしており、Mと目が合うとニコッと笑顔になるのも見て、Mは本当に実習に来てよかったと強く感じていた。

　その日もS氏と一緒に過ごし、Mはいろんなことに気づいていった。まだS氏は、車椅子の操作が慣れておらず、時々ブレーキをかけ忘れる。その時にそっとブレーキをかけて差し上げるようにした。またすぐに疲れてしまう様子が見え、その時にはそっと車椅子を押して差し上げるようにした。するとS氏はニコッと笑い「ありがとう」と仰ってくれる。M

［心理学］
回想法
長期記憶

［心理学］
内発的動機づけ

が本当に介護の仕事の素晴らしさを実感する瞬間であった。
　S氏のなかでもだんだんMの存在が大きくなってきた。Mと一緒にいる時間は、とても楽しく自然と会話も弾んでいった。そして、しばしば「Mちゃん、あなたがいないと私は退屈で仕方ないよ」と言うようになった。この言葉を聞いてMはますます嬉しくなった。

　たしかに日中のS氏の表情は、とてもにこやかになっていった。Mと一緒に過ごす時間はとても楽しそうでもあった。しかし、施設の指導者T氏は、このままではまずいと感じ始めていた。S氏は生活のかなり多くのことを自分自身で行わず、Mに頼るようになってきているのである。それを優しく丁寧にS氏に頼まれるままに行うMは、このままではS氏の自分自身で行える力が弱まっていくことに気づいていないようであった。

[社会学]
作られた社会的弱者
（大人の社会化）

[医学]
廃用症候群
[心理学]
環境圧

　施設の指導者T氏はMを呼び、「Sさんと関わるときに、Sさんが自分でできることはできるだけ自分で行ってもらうように注意しましたよね。今のMさんは少し手を出しすぎかな。Sさんの笑顔を引き出したMさんの関わりは素晴らしいよ。しかし、関わることと手を出すことは別だよ。今のままだとSさんはMさんがいないと生きていけなくなってしまうかもしれないよ。介護福祉という仕事の意味をもう一度、考えてみてね」と優しく、そしてゆっくり話をした。しかし、Mにとってはまさか今の自分の関わりが悪いだなんて思ってもいなかったから強い衝撃を受けることになった。「あの、よく分からないですが。私の何がいけないんでしょうか」と尋ねるMに、「Mさんは、やって差し上げたいという気持ちが強すぎ。その気持ちがSさん自身で生きていく力を弱めているかもしれないよ。介護福祉における"優しさ"の意味を

[社会学]
専門職支配の構造

考えてみて」とT氏は、ゆっくり説明した。

　Mは、その日、家に帰ってから自分の部屋で一人考えていた。今の自分がしていることは介護福祉ではないのだろうか。S氏に関りたいという今の自分の気持ちを抑えることは、とても辛い。こんなにS氏のことを大切に思う気持ちはダメなのだろうか。だれよりもS氏に優しくして差し上げたいという今の自分の気持ちはダメなのだろうか。介護福祉における"優しさ"って何なんだろう。一気に介護福祉が分からなくなってきた。「明日、私は施設へ行けるかな。笑顔でSさんに会えるかな」、そんな不安な気持ちでいっぱいのときに友人Jから電話がかかってきた。

　Jも実習施設で同じような体験をしているようだ。Jの話を聞きながら、自分自身のことと重ね合わせ、すこしMは自分の状況が見えてきた。「Jちゃんも私も、少し手を出しすぎなんだね。よかれと思ってやったことが相手のためにならないこともあるんだね。誰よりも"優しい"つもりだったのに、それじゃダメなんだね。まだ介護福祉における"優しさ"は分からないけど、少し気持ちが楽になったよ。Jちゃん、ありがとうね」、そう言って電話を切った。
　まだ介護福祉における"優しさ"の意味は分からない。しかし、今回の実習を通してその意味を考えていけそうな勇気が少し湧いてきた。

［社会学］
意図せざる結果

考えてみよう！
・介護福祉の仕事の意味とは？
・介護福祉における"優しさ"とは？
・「関わる」ことと「手を出す」ことの違いとは？
・S氏にとって本当に必要なこととは？

# 事例 3

## やさしくなれない、先が見えない
～「介護家族」とは～

　W夫妻の子ども3人（長女・長男・次男）は、それぞれが県外で所帯を持ち親元を離れていた。会社を定年退職したW氏は、親戚でもある近所の酒屋でアルバイトをしながら趣味のカメラをいじり、妻は三味線やプロ級の洋裁、編み物に興じるなど悠々自適の生活を送っていた。子どもたちも盆暮れには帰省をしたり、電話で声を聞かせたりと程よい関係を保ち、なかでも次男の嫁とは何かと相談しあう関係を維持していた。

　嫁は、今は2人とも元気だからいいけれど、そのうち何かあったら「私は関係ない」とは言えないし、元気なときに気心も知れていたほうがいいかもしれないという考えから、仕事の傍ら帰省のやりくりをして、夏冬の長期休暇は親元で過ごそうと努力をしていた。

［心理学］
ペルソナ

　そのような経過のなかで、妻（70歳）が腰の痛みや体調不良を訴え始めた。W氏（79歳）は妻へ受診を促す。その結果、妻の肝臓に病変が認められ（原発性肝硬変）1年間入退院を繰り返すこととなる。その後、病院のソーシャルワーカーの調整により、妻は訪問看護と往診、調理のできないW氏に代わる家事ヘルパーの派遣を受けながらの在宅療養を送ることとなった。すべてのことが初めての経験であるW氏にとって、他人が家に入ることは思いのほか気持ちの負担で、不慣れな介護は体力を消耗させ腰痛やいらいらを募らせた。

［社会学］
性別分業

在宅療養に切り替わって数カ月が経過した冬、W氏は、視力障害の定期検査で眼科を訪れたあと、体調を崩し熱を出してしまった。そして、まもなく妻も体調を崩し再入院することとなる。主治医は、付き添っていた次男の嫁に、余命数カ月であることを告げ、もし、次男夫婦が居住地での看病と看取りを希望するのであれば、転院は早いほうがよい旨を告げる。看取りを覚悟した次男夫婦はW氏の承諾を得て、居住地に母親を転院させる。嫁は、一緒に住みたいと願っていた義母との同居もかなえられず、担当医から延命処置の是非を打診され、その結論を託した義父が「延命は望まない」との結論を出してしまったことに関して割り切れなさを感じ、どのような姿であれ義母に生きていて欲しいという思いから、再転院を希望し2カ月の闘病生活を支えた。

　妻を看取ったW氏（81歳）は、自宅を離れがたく遺品の整理をしながら独居生活を送る。家事に関しては、とくにヘルパーの調理する味に馴染めないという理由により派遣を断り、近くのスーパーのお惣菜で済ませることを選択した。平素より揚げ物や甘いものを好み、買い求める惣菜類も味の濃い油っぽいものが多かった。また、食事時間も不規則となり、食べたいときに食べたいものを食する生活となっていった。

　また、妻が存命のころは夫婦で買い物にもよく出かけ、新しい電化製品や洋服、家具などを買い求め、帰省した子どもたちに分け与えることを喜びともしていた。その名残からか、判断力の欠如からか、妻亡き後、訪問販売員から高級布団やマッサージ機を即金で購入するということが続いていた。このようなW氏の生活を憂慮した次男夫婦は時々W氏を呼び寄せ、今後の生活のことも含めて話し合いたいと思っていた矢先、W氏は次男宅で吐血し半年間入院療養を送ることとなった。

[心理学]
ハンディキャップ
[医学]
発熱

[倫理学]
死生観

[心理学]
グリーフワーク

[倫理学]
豊かさ

[法学]
成年後見

退院時には、介護保険の適用段階「要介護3」と認定され、往診と訪問介護を受けることになった。その間、嫁は、調理以外の身の回りのことは自分で行ってきたW氏の意志を尊重、見守り、自分の使った皿は自分で洗いたいというW氏のために、台所のシンク周りを調整し、10分程度の立位を保持できるようにした。そのような経過を経て、ADLはめまぐるしく回復していったが、元来、友人付き合いも希薄で、知らない土地での再出発であるため、散歩を含めた外出は皆無で、自室でテレビを見る毎日である。見かねた嫁は、近所でも評判のデイサービスの利用を薦めるが二の足を踏み、利用にはなかなか繋がらなかった。

　嫁は、介護認定審査で来訪した調査員から、介護保険でのサービスを希望する時は、ケアプラン策定を担当するケアマネージャーを決めて、その事業者に電話してほしいという情報を得ていたので、そのデイサービスセンターの事業所に電話を入れた。すぐに担当のケアマネージャーが来訪し、W氏の気持ちを根気よく聴いて、自分たちにできることをきちんとW氏に伝え、趣味の話題になったときには、「ぜひ、カメラマンとしてお立ち寄りください」と、その日は情報提供だけで帰っていった。

　そこで、趣味のカメラに話題を引き寄せ、センターでもカメラマンをほしがっていると話しを持ちかけると、「それなら」と重い腰を上げ、カメラを片手に「ボランティア」として通うようになった。その後は、介護認定の「要支援」段階を維持し、週2回のデイサービスに通うことを中心に生活が回っている。

　一方、平行して、放置してあるW氏の家の売却の話が持ち上がっていた。3人の子どもたちは、それぞれ帰る意思がないことと、空き家にしておく無用心さからW氏の長女が積極

［社会学］
役割

［社会学］
地域社会

［医学］
閉じこもり

［心理学］
面接

［心理学］
カウンセリング

［心理学］
自尊感情

的に話を進め、売却の合意を取り付けた。その売却代金は、W氏の意向という形で3人の子どもたちに均等に分配されることになった。

　次男の嫁は、義母の看取りからはじまりW氏の闘病という怒濤のような数年を無我夢中で支えてきた。しかし、最近わけもなくいらいらしたり、W氏の話を聴くことが苦痛になっていた。傍らに座ったら話しを聴かなければならないと思うと座るのが怖い。「おれは、どうでもいいよ」といいながらも出来上がる食事をじっといつまでも待っているW氏の存在が恐怖ですらある。時々、「どうでもいいなら、ずっと待っていてもらいましょう」という心の声が聞こえることがある。そのように思っている自分が情けなく涙が出そうになる。この先、このような生活が何年続くのだろうかと思うと、飛び出したい衝動に駆られることもたびたびであった。また、家の売却も含めたW氏の長男、長女のかかわり方に理不尽さを覚え、感情は割り切れなさから憎しみへと広がっていた。

［社会学］
家族

［倫理学］
身体性

［心理学］
フラストレーション
耐性
ストレッサー

考えてみよう！
・高齢者が新たな環境のなかで、生きがいや役割を見つけることは可能？
・高齢者や家族の気持ちを受け止める聴き方とは？
・介護にかかわる家族と専門職の役割分担とは？
・家族が高齢者の病院受診に付き添うとき、配慮しなければならないこととは？
・「死」はだれのもの？

# 事例 4

## 病院で ずっといたい
～精神障害者の地域生活の再獲得？～

　ホームヘルパーBは、ヘルパーとして在宅訪問するなかで、直接のサービス利用者である高齢者とともに、統合失調症を中心とした精神障害等によって心身両面にわたるケアを必要としている家族が一緒に生活を送る家庭が多くあることを知ることになった。Bは、直接のサービス利用者である高齢者を支えるためには、家族の生活も支えていかなければならないのではないかという自然な心の動きとともに、家族への対応は業務外であるという現実との狭間で揺れ動くなか、精神障害についての自主的な学習を始め、講演会や研修会にも参加するようになっていた。

　そして、ある研修会場で、S精神病院に勤務するソーシャルワーカーKと話しをする機会を得て、担当医師から退院を許可されながらもなかなか退院しない入院患者をどのように援助すればいいのか苦慮していることを聞き、現在の精神病院の状況や精神障害者の置かれている現状をしっかりと見据えていかなければならないと思った。

　患者T氏は21歳で統合失調症と診断され、54歳になる現在まで2～3カ所の病院の入退院を繰り返し、S精神病院に入院して5年が経過している。現在は、症状も安定し、通院と服薬管理で在宅での生活が可能であるという担当医師の判断から、退院を打診されている。しかし、T氏は、のらりくらりと生返事を繰りかえしてきた。

T氏は、高校卒業後の進路として、物理学を専攻できる大学に進学し将来的には研究職になりたいと考えていた。しかし、高校の恩師の推薦や両親の意向により一部上場の企業に就職を決定した。専門分野に関する秀でた能力により確実に評価を高めていったが、元来の生真面目な性格も重なって、職場での人間関係をうまく調整することができず、だんだんと孤立するようになり、飲酒で気を紛らわすことが多くなっていった。

［心理学］
アイデンティティの確立

　T氏の母親は、ことのほか長男であるT氏に期待を寄せ、それに応えてきた息子が自慢でもあった。そのため、T氏が帰省した際に、「ネパールで修行を積みたい」などと言うようになったとき、その言動に首をかしげることもあったが、それが統合失調症の前駆症状とは知る由もなかった。

　そのうちに、生活全般にわたってまとまりのある思考ができなくなり、企画部門の管理職としての一連の判断・決定という仕事の遂行に支障が出始めた。そのころになって、両親は上司の自宅訪問を受けて、ことの重大さを認識するところとなった。病気療養ということでひとまず職場を離れ、治療に専念することで職場内の調整がなされ、両親は、「病気ではない」と言い張るT氏をなんとか精神科に同行受診させ、その結果、統合失調症と診断され入院となった。

　20歳代から30歳代にかけては、入院治療により症状が落ち着くと自ら退院を願い出て、自宅の自室で読書をしたり、絵を描いたりしながらすごしていた。しかし、服薬による倦怠感を嫌がり、定期的な外来受診を怠ったり服薬を中断することによって、幻聴・幻覚が再燃し、刃物を持ち出し、ところかまわず振りかざしたり、遁走し、再入院を余儀なくされていた。

［法学］
人権

［医学］
服薬管理

　症状が落ち着いているときは、体重も増え、穏やかな表情

［医学］
体重変化

で人当たりもよく、両親は、ほっと胸をなでおろしながら就職先を探してきては、T氏に薦めたりしていた。就職先は、何かあったときにはすぐに飛んでいける隣町程度のところに決定し、アパートのオーナーにもT氏の現状について話し、了解を得た上で部屋を借りて通勤できるように手配をした。T氏もそれに応えて仕事に就くが、数カ月たつと食欲がなくなり、体重が激減しその風貌が著しく変化していった。そのようになると、また、幻聴が聴こえ始め、アパートの他の住人に向けた奇異な言動によって警察へ通報され、仕事も続かず、再入院をするということの繰り返しとなっていた。

　その間、とくに母親は、息子の言動の後始末に翻弄され、冠婚葬祭を含めてなにかとつきあいの深い地域性のなかで、つらい日々を一身に背負ってきた感がある。高校卒業時に、大学進学という息子の希望を聞き入れず、就職させたことが病気の引き金になったと思い込んでいるため、後悔の念をいつまでも抱いていた。そのようなつらい思いを心を割って話せないストレスから、体調もすぐれず、自身が通院をする回数も増えていた。
　T氏は、年齢を重ねていくなかで、その症状の出方も穏やかになり、今度は、病院でずっといたほうがいいと言うことが多くなった。母親も、退院して周りに迷惑をかけるのなら、本人さえよければ入院していたほうがいいと思うようになっていた。
　おりしも、精神障害者の社会的入院がクローズアップされ始め、できる限り地域での生活を再獲得しようという動きのなかで、T氏の主治医も研修を重ね、認知行動療法を治療の一環として取り入れたりしていた。T氏は、長く続いた入院生活によって、地域で生活する自分の具体的なイメージがわかず、また、積極的に新しい生活を獲得する気力も失せてい

[倫理学]
仕事と職業

[医学]
食欲不振

[社会学]
ラベリング理論

[社会学]
スティグマ

[心理学]
ステレオタイプ

[社会学]
2次的適応

[心理学]
ストレス

[心理学]
認知行動療法

[倫理学]
自尊とは？

[心理学]
自尊感情

[倫理学]
依存とは？

[心理学]
認知行動療法

事例4　病院でずっといたい

た。母親も老いていくなかで、自分亡き後のＴの身の置き所を病院と思い始めていた矢先であるため、戸惑いを隠すことができないでいた。

　そのような精神障害者の退院後の生活援助の難しさを、ソーシャルワーカーのＫから聞かされたホームヘルパーＢは、家事援助ということで訪問した高齢者宅で、対象者自身よりも精神障害をもつ家族のほうへの援助が急務ではないかと思うときもしばしばである現状に遭遇して、地域での生活の再獲得を余儀なくされている中・高年齢の精神障害者にどのように寄り添っていくべきか、本気で考えていかなければならないとの思いを強くしている。

[心理学]
環境移行

考えてみよう！
・精神疾患を抱える人を、なぜ「怖い」と感じるのだろうか？
・精神疾患を抱える人の家族は、なぜ、そのことに負い目や引け目を感じるのか？
・精神疾患を抱える人とその家族が求める援助とは？
・精神疾患を抱える人の就労のあり方とは？
・精神疾患を抱える人に対する薬物療法と非薬物療法とは？

事例 5

# だれかが そばにいてくれた
〜肢体不自由な私の普通の想い〜

　私は、現在63歳で両親が残してくれた家で独居生活を送っている。生まれてすぐの原因不明（と、当時の主治医は両親に説明した）の発熱によって肢体不自由となり、強い言語障害も残ることになった。

　当時は、就学免除という制度によって義務教育も受けられず、おもに母親が先生代わりとなり、読み書きを自宅で教えてくれた。両親は、私の障害のことを恥ずかしがることなく積極的にいろいろな場所に連れ出してくれ、障害児を抱える親の会も発足させ、その役員にもなっていた。

　生まれたときから生活のすべてに介護が必要であったが、両親は、「親の会」への積極的なかかわりを通して、知らず知らずのうちに仲間たちからの心理的なサポートを得ることとなり、それをエネルギーとして、私の世話を一手に引き受け、父親が亡くなるまでホームヘルプサービスなどを受けることはなかった。

　私はそのような両親のもとで素直な感情を育み、年齢を重ねてきた。しかし、31歳のとき父親が突然倒れ入院先で亡くなった。続いて１年後、母親が亡くなった。母は、夜お風呂に入るといったきり上がってこず、身動きの取れない私はなす術もなく、泣きながら母親のことを考えていた。母の死亡は、父親を亡くしてからお願いをしていた早朝対応のヘルパーさんによって確認された。私はとうとう独りぼっちになっ

［倫理学］
生命倫理

［心理学］
バリアフリー

［医学］
言語障害

［社会学］
家族

［倫理学］
孤独

てしまった。

　あれから約30年が経過し、両親と暮らしてきたこの家で生活を送りたいという私の希望を受け止めてくれた役所のはからいで、さまざまな公的サービスやボランティアさんが、一冊のノートで情報を共有しながら私を支えてくれている。皆が私の気持ちを確認した上で、必要な介助をしてくれるのでありがたいと思っている。

　ある時、障害教育を教える先生と知り合い、先生は私に私仕様のパソコンを提供してくれた。これは、本当にうれしかった。言語障害であるがゆえにままならなかったコミュニケーションが取れるようになったのである。それを使って少しずつ詩を書いたりしている。

　24時間、だれかの手を煩わせなければ生活できない身で、ましてや、細やかな想いを伝える手段がなかった長い年月のなかで、私の世話をしてくれている人たちは、私のことを何もわからない手のかかる困った人としてみているにちがいないとか、自由に暮らしたいからといって必要以上に面倒がかかる在宅の生活を続けるより、設備の整った施設に入所するべきだと思っている人もいるだろうなどと考え、申し訳なさややり場のないつらさを感じてきた。
　事実、私が理解できないだろうと思って、私の目の前で「かわいそうに……」と哀れんでくれる人もいた。想いを伝えることは容易ではないが、何もわかっていないわけではない。逆に、敏感に周りの人の言動を受け止めてきたような気がしている。お互いに分かり合うことの大変さを全身全霊で感じている。

　今は、通所デイサービスをほぼ毎日利用し、家に帰ると1

[倫理学]
利用者本位

[心理学]
環境適応能力
環境圧

[医学]
リハビリテーション

[社会学][医学]
コミュニケーション

[心理学]
認知的不協和

[倫理学]
プライバシー

時間ごとにヘルパーさんが訪ねてくれ、世話をしてもらっている。50歳を過ぎてからは、往診や訪問介護も受けるようになった。私のことをよく理解してくれるコーディネーターに出会えて本当によかった。

　私は、恵まれているのかもしれない。

　毎日通っている通所デイサービスには、障害の種類も年齢層もさまざまな障害者が集う。私は、車椅子介助を受けながら、できることをして過ごしている。ここしばらく、なじみの人たちばかりが集まっていたため、それなりに落ち着いた静かな時間が流れていたが、最近デイサービスを利用し始めたH君（23歳）が、新しい環境に戸惑っているのか、嬌声を発しながら落ち着きなく飛び回り、行く先々でたしなめられたり怒られたりしている。

　以前、家に来てくれていたホームヘルパーさんが、保育園の保母さんをしているとき、迎えいれた園児のひとりが自閉症児で、最初は脈絡のない動きにみんなが翻弄されたが、時間の経過のなかで、どういうときに落ち着きがなくなるかがわかり、それさえわかれば何の問題もなかったいうことや、ひとりの園児が最初から馬が合い、楽しそうに遊び始めたということを不思議そうに話していたことを思い出した。　　　　［心理学］発達障害

　確かに、H君も、いつもニコニコと笑顔の絶えないM子さんの横に行ったときは、傍らに腰掛けしばらく落ち着いて座っている。お互いに言葉を交わすことはしないが、何か通じるものがあるかのように時と場所を共有している。　　　［心理学］対人距離

　私も、言語障害によって人にはなかなか想いを伝えることができないが、私を支えてくれる人のなかには、その聞き取り辛い言葉を巧みに理解して、的確な返事を返してくれるスタッフもいる。そのときは、気持ちが通じたと感じる。きっと、H君とM子さんも気持ちを通わせているのだろう。

事例5　だれかがそばにいてくれた

今のところ、金銭管理は、亡き母が信頼していた親戚の人に任せているが、この先、両親が残してくれたものと年金でどのくらい生活が維持できるのか心配している。とりわけ、最近の障害者をとりまく法制度は、めまぐるしく変化しており、わからないままに、デイサービスにも毎日通い、職員さんも「大丈夫だよ」と言ってくれるが、いつか、通えなくなるのではと不安はつきない。

　長い間、両親の残してくれたわが家を終のすみ家と考え、さまざまな人の支援を受けながら在宅での生活を維持してきた。しかし、受けなければならないサービスの量や質が変化し、「死」をわがこととして感じるようになった昨今、時々、母が亡くなった時の状況を思い起こすことも多くなり、独居の寂しさや不安が胸をよぎるようになった。

　両親を亡くしてから現在に至るまで、さびしさを感じる間がないほど、さまざまな人に包まれた生活であった。今も、この状況に大きな変化があるわけではない。しかし、最近感じる不安や寂しさは、加齢によるものであろうか。一度も離れることを考えてこなかったわが家であるが、昨今、同じような障害を持つ友達とグループホームのようなところで生活できればと思うようになってきた。

[心理学]
ライフサイクル

考えてみよう！
・24時間介護を必要としている人のプライバシーとは？
・言語障害のある人とのコミュニケーションのとり方とは？
・「終の棲家」とは？
・身体障害を抱える人とその家族が求める援助とは？

事例 **6**

# 妻の心が壊れていく
～「私」だけにわかるまなざしの背後にあるもの～

　E氏さん夫婦は、先祖代々続けてきた農業で生計を立ててきた。妻のI子さんは、農作業は当然として、家事・育児から始まり、舅 ・ 姑 の世話、近所づきあいまで、まめにこなす働き者として近所の評判も高かった。E氏は、そのような妻の働きに感謝しながらも、いまさらという思いと気恥ずかしさから、ねぎらいの言葉もかけることなく過ごしてきた。

　少しずつ生活にゆとりが生まれ、E氏は、農閑期には夫婦水入らずで旅行にでも行こうかと思っていた矢先、I子さんが通い慣れた田んぼに現れず、近所の顔見知りが連れてきてくれるというできごとがあった。「なにやってるんだ」というE氏に対して、I子さんは、「立ち話になって、こんな時間になっちゃった」と悪びれる様子もなく作業につこうとした。E氏は、同伴してくれた顔見知りにお礼を言いつつ様子を聞くと、田んぼのある方向と違う道を歩いているので、「今日は、お父さんとは別々？」と声をかけ、なんとなくいつもと様子が違うので一緒に来てくれたということであった。

　E氏（56歳）は、I子さん（54歳）の様子を、いままでの疲れと年齢的な変化がいっぺんにきたものと思い、病院への受診を促したりしていた。しかし、あれほど几帳面だったI子さんの物忘れもだんだんひどくなり、生活に支障をきたすようになってきた。E氏は、家族皆がかかっている開業医にI子さんの診断を委ね、そこで、認知症である可能性が高いと診断された。医者からは、脳の血流をよくするという薬を

[心理学]
認知的不協和

[医学]
仮面うつ

[医学][心理学]
認知症

処方され、市役所の介護保険課に相談したらどうかとの情報提供があった。しかし、Ｅ氏の頭の中では、「どうして、Ｉ子が……。」という思いが駆け巡り、今後のことを考えるゆとりなどあるはずもなく、情けなさが先にたっていた。

　そのころから３年が経過し、Ｉ子さんは介護保険認定審査を受け、近所のデイサービスセンターにほぼ毎日通うようになっていた。Ｅ氏は、生活のためには生業を続けなければならず、周りの薦めもあり、昼間だけデイサービスセンターにお世話になることにしたのである。通い始めた矢先は、夜、落ち着きをなくし、少しも休もうとしなかった。そこで、仕方なく、お互いの手首を紐で結わえて、動く気配を感じるような苦肉の策も講じたりしていた。それでも、目を離すと家を抜け出し警察のお世話になることもたびたびであった。病気の進行は、さまざまな症状を現出させ、本人ともども周りを翻弄(ほんろう)していた時期である。

　しかし、Ｅ氏はＩ子さんを施設に入れようとは考えなかった。今では、Ｉ子さんはＥ氏のことを夫として認識できなくなっていたが、とても親切な顔なじみとは思っている様子で、突き詰めたようなまなざしが多くなった現在でも、Ｅ氏に対してだけは一瞬穏やかなまなざしを向けることがある。Ｅ氏は、その度にＩ子さんとの自宅生活を大切にしようと思ってきた。寝不足と仕事の疲れで、効果はないと知りつつもＩ子さんを叱り飛ばすこともあったが、24時間、Ｉ子さんとともにいたＥ氏にとって、夫婦が別々に暮らすことは想像できなかったのである。

　デイサービスセンターで、Ｉ子さんのケアプラン策定の担当となったケアマネージャーＵは、Ｅ氏夫婦の初回相談日のことを忘れることができない。認知症と診断され、徐々に認

［法学］
権利保障

［倫理学］
かけがえのなさ

［社会学］
感情労働

［社会学］
アイデンティティ

［心理学］
想起

［経済学］
施設運営

［経済学］
NPO法人

識の混乱がみられ始めたI子さんの手を引いたE氏は、「施設や病院にはいれたくない。できるだけ自分が面倒をみたい」といった。Uは、その表情にE氏の情愛と苦悩を感じ、できるだけEの負担を軽減しながらも、自宅での生活を維持できるプランを策定しようと考えた。一般的には、I子さんの年齢を加味すると、今後5年間にかなり病状も進行するであろうことが推測され、広く農業を営むE氏を支えるためには、デイサービスの利用だけでは不十分だとの思いもあった。

[心理学]
手続き記憶

　Uは、現デイサービスセンターの前に、介護老人福祉施設で介護福祉士や社会福祉士として働いていた時期がある。その時、E氏夫婦のように、アルツハイマー病と診断された妻と看病をする夫をともに支援した経験があった。夫は、3度の食事時には施設を訪れ、自ら食事の介助を行っていた。妻とのコミュニケーションは、介助をしながら語りかける夫の言葉に、ふっと笑みがこぼれたり、何かをつぶやくといったかすかな表情のゆらぎだけとなってきていたが、その2人の様子をつぶさに見ていたUは、奥深いところでつながっている絆を切ることのないサービスのあり方をずっと考えていたことを思い出していた。

　現在、Uの所属するNPO法人は通所介護サービス機能のみを有するデイサービスセンターである。工場を経営する社長であった現法人代表（67歳）が、経営不振に陥り始めた工場を閉鎖後、その跡地と人脈を生かして始めた事業である。法人代表の小中学校時代の同級生の親も多く利用するという地域に密着したセンターとして評判もよく、経営も安定してきていたが、とくに、認知症の親を抱える家族の間からは、農繁期や不測の事態のときに利用できるショートステイ機能がほしいという要望が強くあがり始めていた。

　Uは、E氏夫婦の在宅生活維持の強い希望をかなえるため

にも、法人代表に働きかけ、早急に敷地内にショートステイ部門を立ち上げるべきだと考えた。センター立ち上げ準備から尽力し、経営を安定させる原動力となっているUに信頼を寄せる法人代表は、新規事業としてショートステイ事業所を立ち上げることにした。

[医学]
チームアプローチ

　認知症と診断された初診から6年が経過するなかで、Ｉ子さんは、専門職として認知症やアルツハイマー病について学んでいるセンター職員の細やかな配慮によって、センターを安心の居場所として認知している様子である。
　現在、Ｉ子さんは生活全般にわたって常時介護が必要な状態になっている。それでも、夫のＥは、自分が元気なうちはＩ子さんを自宅で介護したいと強く望んでおり、Ｕもケアマネージャーとしてできるだけその気持ちに添いたいと思っている。幸いにも、主治医による往診をはじめ、訪問看護、訪問介護、定期的なショートステイの利用によって、当面、Ｅ氏夫婦を支えていくことはできるであろう。しかし、いろいろな利用者や家族に接してきた経験から、早いうちに入所施設を紹介してもいいのではないだろうかとも考え始めていた。

[心理学]
達成動機

考えてみよう！
・なぜ、夫は妻の施設入所をためらっているのか？
・認知症を患う人が心安らぐ場とは？
・顕著な物忘れなど認知症初期段階の症状の受け止め方と受診の方法とは？
・認知症を患う人との寄り添い方とは？

# 事例 7

## ある日、突然、障害を負った青年と家族の苦悩
~ようやく長いトンネルの出口が見えてきた！~

　H氏（男性）は、高校ではバスケットボール部に所属し、毎日、部活動に明け暮れていた。大学進学後にはアルバイトを始め、その金でバイクの免許を取った。そして念願のバイクを購入しツーリングを趣味とするようになった。大学2年の夏、ツーリングに出かけている時にカーブを曲がり切れず転倒。頸椎骨折という大事故を起こす。そして6カ月間の入院と、6カ月間のリハビリテーションセンターの入所を経て、事故から1年後に自宅へ戻る。自宅に戻ってからは、ほとんど外出せずだれとも会いたがらない。通学の手段がないことと、本人が復学する気がないため、休学していた大学はそのまま退学することになった。事故から3年経つ現在は、自宅にて家族による介護とホームヘルプサービスを受けている。

［医学］
頸椎骨折

　食事は腕に特殊なフォークを取り付けることにより、自力でとることが出来る。車椅子を使用し、水平なところでは腕でハンドリムを回し移動する。段差や傾斜があるところは介助を必要とする。ベッドから車椅子への移乗は母親と妹の2人の介助にて行う。排尿はバルーンカテーテルを留置している。排便は2日に1回、下剤を使用した上で摘便を行う。日中はほとんどベッド上で過ごし、テレビを見ている。

［医学］
尿閉

［医学］
便秘

　本人は事故を起こした時のことをほとんど覚えていないという。しばらくは夢のようであり、自分の身に起こったこと

［倫理学］
無為

とは思えなかった。身体が思い通りに動かないことは信じられず、この不自由な生活は半年後ぐらいには終わるのではないかと考えていた。生涯歩けるようにはならず、車椅子を使った生活であると告げられたが、実感はわかなかった。事故後、半年ぐらいまでは夢のようであり、そしてきっとこれは本当に夢のなかの出来事なのだろうと思った。しかし、だんだん、毎日の生活のなかで実感を伴ってきたとき、やり場のない怒りがこみ上げてきた。リハビリテーションセンターに入所してからは、すぐに食事摂取の仕方について訓練を受けるが、「歩けるようになるんじゃなきゃ、リハビリは意味がない！」とリハビリを拒否し、食事も拒否することが続いた。母親もバイクの免許を取りにいくと言った時、なぜ止めなかったのか、そこで止めていたらこのような事態にならずに済んだのではないかと自分を責めていた。息子の一生を駄目にしてしまったのは自分の責任だ、自分が生涯をかけて息子を守らなければいけないと考えていた。そのような母親の気持ちすら、本人は負担に感じ、だれとも話をしたくない日々が続いていた。とくに、事故の前の自分のことを知っている人には絶対会いたくないと言い、高校時代の部活の仲間の面会はすべて拒否した。このような葛藤のなかでリハビリテーションセンターでの半年は過ぎていった。食事の摂取は自力にて行えるようになったが、それ以外の日常生活はほとんど介助を受けなければならず、これ以上、リハビリテーションセンターにいても日常生活動作の改善はみられないことから在宅へ戻ることになったのである。

　自宅に戻ってからの２年間は、ほとんどベッド上で過ごしていた。テレビを見ても笑えず、ただつけているに過ぎなかった。そして、またやり場のない怒りがこみ上げてもきた。その後、急に泣きたくなり、情けない気持ちに襲われることもあった。この気持ちの大きなゆれ動きをだれかにつなぎと

［社会学］
アイデンティティ

［倫理学］
エゴイズム

［心理学］
自己呈示
性格

［心理学］
学習性無力感

めてほしいと願いながらも、同時にだれとも会いたくないという矛盾した葛藤が最初の１年間は続いていた。そして次の１年間は、ほとんど無気力になっていった。何となくテレビをつけているに過ぎない毎日に嫌気も差してきた。この頃、ほとんど寝たまますごしていたために、仙骨部のあたりの皮膚が剝けてきた。その傷口から体液が滲み出してきて、そして発熱したために入院することになった。

［医学］
褥瘡

　病院で治療を受けているときに、このままの生活を続けるとこの状態の再発は繰り返されるであろうから、生活習慣を変える必要があるだろうと言われた。「障害を抱えていても、前向きに今の生活を楽しんでいる人もいるのだから」と言われても、すぐにその気にはなれなかった。しかし、ソーシャルワーカーが「若いんだから、もっと外に出たほうがいいよ。もし、よかったら今度、一緒に外出してみよう」と誘ってきたので、何となく誘われるままに出かけることとなった。

［医学］
発熱

［心理学］
感覚への欲求

［倫理学］
関係としての生

　出かけた先は隣の市のスポーツセンターであった。ソーシャルワーカーと一緒に体育館に入るとバスケットボールをやっている人たちがいた。とても激しくぶつかり合い、そして楽しそうにプレイをしていた。遠くから見ているときには、気づかなかったがバスケットボールをしている人たちは、車椅子を使用していた。驚きと同時に、その明るさと輝きに圧倒されるような気がした。そのまましばらくプレイを見ていた。

　ゲームが終了した後、そのプレイをしていた人たちと会話をしたが、今の自分と目の前の人たちの明るさの違いに、どこか居心地が悪く、しっくりしない中で二言三言の短い会話となった。すぐにでもその場から立ち去りたいような気持ちにもなっていた。

［社会学］
社会的役割の安定化

帰りの車の中で、なぜ逃げ出したい気持ちになったのか黙って考えていた。自分自身に対する苛立ち、もうこの状態から抜け出したいという焦りの気持ち、そして急に湧き上がってくる何か出来るのではないかという気持ちの高まりが交錯していた。言葉にならないままに興奮した時を過ごしていた。今までに感じたことのない気持ちであった。

　それから数日後、テレビを見ているとニュースで障害を持っている人たちがダイビングをしている様子が流れていた。バリアフリースポーツとしてダイビングを行っているのだそうだ。その映像を見ているうちに、いつしか自分が海の中を散歩しているような不思議なイメージが沸いてきた。「やってみたい！」衝動にも近い強い気持ちが湧いてきた。

［心理学］
観察学習

［倫理学］
自立と依存

考えてみよう！
・中途障害者のリハビリテーションとは？
・障害を受容するプロセスとは？
・中途障害者とその家族が求める援助とは？
・頸椎損傷から起こってくる身体的不自由と症状とは？

# 事例 8

## 人生の終焉の支援
～それぞれの家族の立場、専門職の立場～

　長年、病院勤務をしていた看護師Sは、入院患者の療養生活を支えながらずっと悩み続けていた。とくに、決して完治することはないということがわかっているターミナル期の患者に対して、人生の終わりの支援は果たしてこれでよいのだろうか、と答えが出ないままに仕事を続けていた。同じような悩みを抱えている看護師仲間がいたし、医師のなかにも同様の疑問を抱えている人がいた。時々、そのような仲間と食事をしながら語り合うことで、少し気持ちが楽になることもあった。そしていつか、現在の病院内のターミナルケアではない、豊かな人生の終焉を支援する実践を展開していくことを夢見ていた。

[社会学]
専門職性

[社会学]
専門職支配の構造

[倫理学]
死と倫理

　そのような日々を送る中で「認知症高齢者のためのグループホーム」という新しいケアのあり方が注目されてきていることを知った。公的介護保険制度が始まる前のことであった。Sには、認知症高齢者ケアとターミナルケアは同じ地平線上のことに感じられた。どちらも特別扱いすることなく、だれの人生のなかでも起こりうることであり、自然にそれを受け止め、最後まで尊厳あるケアを提供することが必要なのだろうと考えたのである。Sは仲間に相談し、この事業を開始したいという熱い思いを打ち明けた。

[医学][心理学]
認知症

[倫理学]
人間としての平等

　そのような熱い思いから始まったこの認知症高齢者対応グ

ループホームは、すでに開設してから7年の月日が経っていた。そしてここ数年、いよいよこのグループホームにおいて人生を終えたいという本人と家族の希望により、何人かの利用者の人生の締めくくりまでを支援するようになってきた。その中の一人がN氏（女性、86歳）であった。

　N氏はこのグループホームに来る前には特別養護老人ホームにて介護を受けていた。N氏は手が震えるために自力にて食事をとることも難しく、少し前までは小またにゆっくり歩行できていたが、最近は躓(つまず)くことも多くなり自力歩行も難しくなってきた。それに加え、物忘れもひどくなってきた。ケアワーカーはN氏の物忘れをあまり気にしていなかったが、ケアワーカーのことも家族のことも分からなくなってきているようだった。服の着脱を忘れてしまい、服を脱げず失禁することも増えてきた。このような状況で自分の思いを十分伝えることが出来ないN氏を見て長男の嫁は、少しでも義母の思いを察してくれるようなところへと考え、グループホームの入所を希望したのである。

　N氏と長男の嫁は、同居したことはなく歩いて30分程度の距離に住み、何かあれば助け合えるという程よい距離感にあり、お互いを尊重しあまり干渉しあうこともなかった。その分、長男の嫁は、義母の本当の望みはどのようなものであるのか明確には知りえていないのではないだろうかという迷いもあった。すでにN氏は自分の今後の生活をどのように送りたいのかということを言葉で表現することが難しくなっていた。長男の嫁は、その分、家族でN氏の思いを構築していかなければならないと考え始めていた。

　グループホームで入所の手続きをとる時に長男の嫁は、「ターミナル状態になった時、病院に入院するのではなく、ここで自然にそのまま人生を終えていくことを希望する」と

［医学］
パーキンソン病関連疾患

［心理学］
忘却

［医学］
失禁

［社会学］
家族・ライフコース

［法学］
生前意志

［倫理学］
死生観

いう家族の要望を伝えた。そしてSもそれを受け入れた。

　最初の1年半は、N氏は生活上のほとんどのことを介護者に支援してもらっていたが、それでも穏やかに過ごしていた。しかし、その後、食事中にむせることが多くなり、食事をとることも難しくなっていった。この頃からグループホームではN氏の食事形態を介護食に切り替えた。日中ほとんどベッド上で過ごすようになり、言葉を掛けられた時のみゆっくりと目を開け、またすぐにまぶたを閉じてしまうようになった。この頃、このグループホームの開設を応援してくれていた仲間の医師が訪問診療を申し出てくれた。そしてそろそろターミナル期に入っていることを告げられた。SはN氏の長男の嫁にそれを伝えた。Sは自分自身が看護師であるが、状況を客観的にみて支援してもらえるように仲間の看護師に訪問看護をお願いすることにした。

　N氏はだんだん食べ物を受けつけなくなり、介護者の勧めによりちょっとの水分をとるのがせいいっぱいになっていった。この頃、SはN氏の家族がいつでもそばにいられるように、グループホーム内に家族の休める場所を作った。食べ物を受けつけなくなってから7日目、静かにN氏は人生を終えられた。

　N氏を看取った後、スタッフによるカンファレンスの場でそれぞれの介護者が自分の思いを打ち明けた。このグループホームに勤めてまだ3カ月で21歳のY（女性）は「正直、ターミナルケアに関わるとは考えていなかったので、かなり心配だった。自分が夜勤の時に亡くなったらどうしようって。でも、万が一の時の対応マニュアルがあることを知り、そしていつでも連絡していいって言われて少し不安は軽くなった。今は、N氏の最後にお付き合いできてよかったと思っている。

[医学]
誤嚥

[医学]
食事形態

[心理学]
グリーフワーク

[社会学]
感情労働

亡くなった後の顔がとても健やかな表情だったのが印象的だった」と語った。同様の声が何人かから聞かれた。

　N氏が亡くなった後も、N氏の長男の嫁は時々このグループホームにやってきた。義母が好きだった座り心地のよい椅子をグループホームで使ってほしいと寄贈してくださった。そして時々やってきてはしばらくその椅子に座っていた。何名かの利用者さんとにこやかに話されて帰っていくことが続いた。N氏が亡くなって半年後、長男の嫁は「実は、夫の兄弟からはこんな小さなところに入れたから、母さんの人生は短くなったんじゃないかって言われたんですよね。それに対して何も言えなくて……。でも、今は、やっぱりここでよかったって思えるようになりました。本当にありがとうございました」とSに打ち明けた。そのようなやりとりがあったことをSはまったく知らなかった。長男の嫁の訪問は、その後、めっきり少なくなった。

[倫理学]
当事者性

　Sは人生の支援の奥深さを改めて考え始めていた。

[倫理学]
関係としての死

考えてみよう！
・「死」は誰のもの？
・「死」を語ることはタブー？
・ターミナルケアにおいて介護福祉士が担える役割とは？

事例 9

# 俺を赤ん坊扱い するのか！

～高齢者の叫びと家族の苦悩、そして衝突～

　H氏（男性、92歳）は、長年、農業を営んできてその地域において農作物の栽培法に関する講師も勤めてきた。しかし身体的にもきつくなってきたことから、ここ数年は長男にほとんどの仕事を任せるようになってきた。毎年、5月、6月の農繁期は、家族は寝る暇も惜しんで働くことになる。1年前の5月から、H氏の言動が少しおかしいことに家族は気づいた。

　忙しさの余り、家族は丁寧にH氏の意向を聞かず、どんどん農作業を進めている日々が続いたが、ある時、H氏が高額な耕運機の購入手続きをしていることを、農協からの連絡により知った。H氏の家には、まだ新しい耕運機があり、それを購入する必要はないはずだと家族は考えた。長男がH氏に問いただすと、「前の耕運機は盗まれてしまったから、新しい物を大至急購入しないと今年の栽培に間に合わないだろう！」と怒鳴り返された。長男が納屋の並びの耕運機置き場にH氏を連れて行き、耕運機があることを確認してもらおうとすると「これはうちの耕運機じゃない！　よそ様の物を勝手に持ってきちゃいけない！　早く返して来い！」とまた怒鳴られることになった。どう説明しようとしても話がかみ合わないため、長男は自らH氏が契約を進めた耕運機の購入をキャンセルした。長男はこの件以降、父親から通帳を取り上げた。この頃からH氏は家族を目の敵にするようになった。攻撃の対象は、主に長男とその嫁だった。

[社会学]
家族

[心理学]
認知的不協和

「K子（長男の嫁）は、ろくに家事もしない。ここ数日、食事も出してもらえず、いい年をしてこんな仕打ちを受けるなんて、本当に情けない。息子はあの嫁の言いなりになっている。息子は本当にふがいない」と、近所に話して回っていた。近所の人は、その話を真に受けるではなく、聞き流していたが、いつしかうわさは長男と嫁の耳にも届いた。この話を聞いて、長男もその嫁も本当に悲しくなってきた。

　長男の嫁が市役所の福祉課に問い合わせると、市内の地域包括支援センターに相談するように勧められた。長男の嫁はさっそく相談に行った。日中、義父に丁寧に関わることが出来ない申し訳なさと、それでも義父の夫と自分に対する言いがかりに近い言動を許せないという気持ちが入り混じっていることを打ち明けた。長男の嫁はこのままではいがみ合ったとても辛い日々が続きそうなことに、大きな不安も感じていた。相談を受けたケアマネージャーは、要介護認定を受け、そしてデイケアを利用することを勧めた。「日中、ゆっくり地域の他の高齢者とともに過ごし食事を取ったり風呂に入ることで、少しは気分も変わるでしょう」と長男の嫁に説明した。

　H氏は、日中デイケアに行くことを好まなかった。自分はとても元気であり、そのような場所に行く必要はないと主張した。しかし家族は、「家の狭い風呂ではなく、たまには大きな風呂に入ってきてください」とお願いし、渋々、週に2回、デイケアに行くこととなった。

　H氏がデイケアに行き始めてから、少しの間、家族の精神的負担は軽減したように思えた。しかし、H氏のやり場のない憤りは収まることがなかった。「家族にお荷物だと思われて、こんな仕打ちを受けて。本当に情けない」と考えると、

［心理学］
オペラント条件づけ

苛立って眠れない日々が続いた。そのような日が続いた後に、今度はデイケアに来た時にＨ氏はケアワーカーに相談を持ちかけてきた。「最近、Ｋ子が俺のご飯にだけ、毒を混ぜている。だから身体がおかしい。もし俺が死んだら、絶対、このことを警察に言ってくれ」とケアワーカーに言ってきたのだ。その話を聞いたケアワーカーは驚き、ケアマネージャーに報告した。

　苛立ってゆっくり眠れないＨ氏は、段々生活リズムが崩れてきた。そして意識がもうろうとしているためにトイレの失敗も増えてきた。長男の嫁が朝起きてトイレに行くと、必ず便器の周りがビショビショになり、激しい尿臭がするようになってきた。これは義父の私に対する嫌がらせではないかと考えてしまったり、そう考えている自分が情けなくなってきたりもした。段々、長男の嫁もやり場のない憤りを強く感じるようになってきた。

　Ｈ氏と家族の緊張した関係は、ますますひどくなっていった。Ｈ氏はゆっくり眠れず神経が高ぶった状態がしばらく続いている。病院で診療を受けているときその事を伝えると、医師は睡眠剤を処方してくれた。睡眠剤を飲むようになってからは、夜中に起きることはなくなったが、今度は夜間の失禁が増えていった。布団までぬれることもよくあった。そこで家族は、夜間はオムツを着用することをＨ氏に勧めるが、「俺を赤ん坊扱いするのか！」と怒鳴り、オムツを使用することを拒んだ。それでも夜中の失禁が続くため、家族はＨ氏が寝入った後、しばらくしてからそっとオムツをつけるようになった。明け方近くに濡れたオムツを外しぼろぼろにして怒りまくることが度々あった。このようななかで長男もその嫁も気持ちに余裕がなくなり、Ｈ氏に対し憎しみに近い感情を抱く瞬間も起きてきた。そのような時に、長男の嫁は本人

［医学］失禁

［倫理学］
自尊

［心理学］
自尊感情

が自分で脱ぐことが出来ない介護服という名称のつなぎ服があることを知った。オムツ着用後、この介護服を着せればオムツを外すことはなくなる。疲れ果てた長男の嫁は迷わずそれを購入し、使用した。

夜中に寝ている間にオムツを当てられ、さらに介護服を着させられたH氏は、明け方目が覚めてから腰周りが気持ち悪くても脱ぐことが出来ず、いらいらして騒ぎ出した。明け方に大騒ぎとなり起こされた長男は、ついに堪忍袋の緒が切れ、力いっぱい父親を布団に押し倒していた。そして次の瞬間、父親に手を上げていた。

[倫理学]
関係性と倫理

[社会学]
暴力・虐待

[心理学]
情動

デイケアの送迎時、H氏の様子がひどく落ち込んでおり、顔にあざがあることに気づいたケアワーカーは戸惑いを隠せなかった。長男の嫁は「ちょっと親子喧嘩したもんですから」と言っていた。この日以降、H氏の表情は曇り、デイケアでもジッと目を閉じうつむいていることが多くなった。
このままではまずいのではないかとケアワーカーたちは感じ始めていた。

[倫理学]
生存権

考えてみよう！
・それぞれの立場と思いとは？（H氏、長男、長男の嫁）
・暴力・虐待に至るまでのこの家族の辿った道筋は？
・家族内の衝突に介護福祉士はどのように関わる？

事例 10

# 忙しさのなかで見失っていたもの
～組織のなかの中間管理職～

　特別養護老人ホームの介護主任のN（女性、32歳）は、最近、心身ともに慢性的な疲労がたまり、気分がすぐれない。仕事を離れても職場のことが気になり休んだ気がしない。しかし、その反面、今の仕事に対する気持ちは大きく薄れてきてもいる。

　「10年前にがむしゃらに仕事をしながらも、毎日、大笑いしていたころが懐かしいなぁ。あの頃は利用者さんと過ごす時間が何よりも楽しかったな。職場で笑わなくなったのは何時からだろう」。

　多分、職場で笑わなくなったのは2年前に介護主任になったころからだろう。「介護現場に入って10年経つのだから、そろそろ責任あるポジションに」、と言われなんとなく主任という役割を引き受けてしまった。主任になる前にも、もちろん職場で笑ってばかりではなかった。介護職員として働き始めて2年目、夜勤のときに容態が急変したサービス利用者が出た後には、しばらく一人で夜勤をするのが怖くて仕方がなかったこともあった。大好きで自分の祖父のように慕っていたサービス利用者が亡くなり、大きな喪失感に襲われたこともあった。それでも仕事に対する充実感を感じないことはなかった。

　今はとにかくいろいろなことに追われ、忙しい。仕事量は

[心理学]
リーダーシップ

[社会学]
組織

[社会学]
役割

[医学]
介護負担感

とても増えているのに、なぜだか充実感は感じていない。毎日イライラしていて、失敗をした後輩につらく当たってしまうこともある。その後には決まって自己嫌悪の感情に襲われる。後輩から怖がられていることぐらい十分に分かっている。最近では、相談に来る後輩はほとんどいない。こんな日々が始まってそろそろ2年になろうとしている。

［社会学］
官僚制
［心理学］
攻撃のカタルシス効果

　今、介護主任をしているフロアは、認知症の人が20名、生活をしている棟である。ここにはいろいろなサービス利用者の方がいる。その中の一人、Y氏（女性、86歳）は、若い頃に学校の用務員をしてきた方である。今でも、早番の職員が来るよりはるか前に目を覚まし、フロアの掃除を始めている。Y氏にとっては、ここは若い頃に仕事をしていた小学校なのだろう。「さぁ、おっかない教頭先生が来る前に、きれいにしておかないとね」が口癖である。最近、このY氏の様子が少しおかしい。

［医学］［心理学］
認知症

　早く起きて掃除をしているときに、突然、険しい顔になることがある。そして、まだ寝ている他の利用者に向かって「何時まで、眠り込んでいるんだい！　とっとと起きて仕事に行きな！」怒鳴りだす。怒鳴られた利用者は、おびえながら起き出す。なかにはY氏に怒鳴り返す人もいて、ちょっとした騒動になることもある。これが朝の5時の出来事である。

　早番の職員が来る前のことなので、フロアには職員は夜勤者1名しかいない。そのため十分な対応が出来ないということがフロアの職員の悩みになっている。このY氏のことがフロア会議で取り上げられた。
　「今の状態では、他の利用者さんに迷惑がかかるから、Y氏が静かにしていられるような方法を考えてもらいたい。精神科医に診てもらう必要があるのではないか」という意見が

圧倒的であった。精神科医に診てもらいたいという職員たちの気持ちのなかには、睡眠剤を処方してもらうことにより対処したいという暗黙の了解があるようだった。これに対し、Nはとても強い憤りを感じた。「薬を処方してもらうことにより対処するというのでは、介護職員のいる意味がないじゃない。それでよいと思うの？　もっと他の方法は考えられないの？」。Nの強い口調に他の職員たちは、皆、黙るしかなかった。具体的な解決策が見つからないままその日の会議は終了した。

［倫理学］
価値と規範

　数日後、Nは、職員のステーション内にあるトイレのドアの内側が血で汚れていることに気づいた。よく見ると壁に手の後のような血痕も残っている。気になり、他の職員に聞いてみるがだれも知らないという。どこかよそよそしく、目も合わせようとしない。変な胸騒ぎがした。

［心理学］
他者の影響

　フロアに出て、ひとりひとりの利用者に目を向けると、しばらくして弱りきったY氏を発見することができた。バンドエイドが貼られているが、指先は爪の間から血が滲んでいることがすぐに分かった。Nは居ても立ってもいられず、今日の夜勤明けの職員K（女性、22歳）に電話をかけて確認してみた。最初は「知りません」の一点張りだったが、Y氏の手にバンドエイドが貼られていることを口にすると、電話の向こうで泣きながら、その朝にあった出来事を話し出した。

　今日も早く起きて掃除を始めたY氏は、他の利用者を怒鳴って起こし、トラブルとなりかけた。慌てたKは、Y氏にステーション内のトイレの掃除をお願いした。そしてトイレの外側から鍵を掛けてしまった。鍵の開け方を忘れているY氏は、怒鳴りながらドアをどんどん叩いていた。しかし、どう対処すればよいかわからないKは、早番の職員が来るまで、

［社会学］
虐待

［倫理学］
職業倫理

事例10　忙しさのなかで見失っていたもの

そのままにするしかなかったという。

　Kは電話の向こうで、泣きながら自分自身のやったことを責めている。しかし、同時にどのようにすればよかったのか今でも分からないと言う。そして、つらくてつらくて仕方ないから、もうこの仕事は続けられないと言った。「仕事を続けるか辞めるかは、落ち着いてから、きちんと話をしましょう」、そう言って電話を切って、考え込んでしまった。　　　[心理学]
フラストレーション耐性

　もしかしたら、今日の状況は自分が作り上げたのかもしれない。みんなできちんとY氏への関わり方を徹底して話し合うことができなかったから、経験の浅い職員であるKは対応できなかったのかもしれない。精一杯の対処が、トレイに閉じ込めるということだったのだろうか。こんな状況を作り上げてきた自分の仕事は何だったんだろうか。介護主任になってから、主任業務ということの意味がまったくわからないまま今日を迎えていたことと、自分のつらさにばかり目を向けていたことに今、初めて気づいた。自分がY氏とKのためにできることは何だろうか。絶望のどん底に落ち込みながら、でも同時に一縷（いちる）の望みが見えてきたそんな瞬間でもあった。　　　[社会学]
意図せざる結果

[心理学]
燃えつき症候群

[心理学]
動機づけ

[倫理学]
介護倫理

考えてみよう！
・介護福祉士としての仕事の「仕事のやりがい」とは？
・利用者と他の職員との「ほどよい距離感」とは？
・「忙しさ」は、どのようなときに感じるのだろうか？
・認知症の人の感じている世界とは？
・介護現場における中間管理職に求められる資質や能力とは？

# 第1章

## 社会学を通して日常生活を見つめる
―社会学の分析視点―

下山久之

　社会学は、とても間口の広い学問で、ほとんどあらゆる社会現象を扱っています。その対象においても、分析方法においても非常に多様性があり、初めて社会学に接する人はなかなかそのイメージを持ちにくいということが多いようです。

　本書では、社会学全般を網羅することを目指すのではなく、介護福祉士として介護現場で起こる社会現象を理解するのに役立つための社会学を学ぶことを目的に編集を行いました。本書を通し、社会学的に社会現象を見つめるということを体験的に理解していってください。「体験的に理解する」ためには、まったく未知な新しい知識として学ぶのではなく、これまでの自分の体験と重ね合わせ、そして照らし合わせながら、各章を読み進め、そして授業に参加していくことが必要です。その過程で、すでに「知っている」と思っていたことの新たな側面を知ったり、まったく異なる理解の仕方があることを知ることになるでしょう。このような体験を、楽しみながら進めていってください。その結果として、「知っている」と思っていたのに「知らない」でいる自分に気づき、これまでと違った自己理解を得られたり、自分自身のものの見方を相対化して見つめる視点を得られることでしょう。

　社会学的に社会現象を見つめることは、社会の理解を深めることと同時に深い自己理解を得ることに繋がります。社会学を学ぶことは、ある意味で自己探求の過程であるといえます。自分自身が固く信じきっていることを、相対化して見つめる勇気を持つとき、初めて社会学を学ぶことができるので

す。

## Ⅰ　社会学と「常識」

　社会学ではだれもが「自明のこと」と考える物事をあえて疑ってみたりします。だれもが「自明のこと」と思う物事は、簡単に言えば**常識**です。「自明のこと」、「当たり前のこと」を自動的に「分かったこと」とせずに、「なぜ、それは当たり前なのだろう」、「それ以外の考え方はないのだろうか」と考えてみるのです。幼い子どもが何に対しても大人に「なんで？」、「どうして？」と質問するように、自分自身に「なぜなんだろう」、「どうしてなんだろう」、「他の考え方は？」と問いを立てていきます。この問いには、「実態の問い」、「比較の問い」、「発達の問い」、「理論化の問い」の4種類があります。

### 1．実態の問い

　たとえば、「今日の日本では、高齢者が増え、介護福祉の社会化が起きている」と言われるときに、それを自明のこととせずに、「高齢者とは何歳からの人のことか」、「高齢者人口の、現在の日本における総人口に占める割合は」、「介護福祉の社会化とは、如何なることを指すのか」と、問いを立てていきます。なんとなく、物分りよく理解した振りをするのではなく、実態を知るための具体的な根拠を求めていくのです。このような根拠として、新聞記事や官庁統計が示されることがあります。その示された数値を見て、安易に納得するのではなく、慎重にその数値を解釈していく必要があります。慎重に考えた上で、理解できたことを受け入れていくという姿勢が重要です。

## 2．比較の問い

　先ほどの「今日の日本では、高齢者が増え、介護福祉の社会化が起きている」という言説に対し、他の国の状況と比べてみることが**比較の問い**です。ある社会状況をその同じ社会の別の状況に関連付けて考えたり、あるいは異なる社会の状況と対比して考えるのが比較の問いになりますが、このような比較により、その社会状況をより深く理解することができます。他との比較なく、ただ自分自身のおかれている社会状況を生きているとき、その状況を体験し、知ってはいるものの、その社会状況の持つ独自性などを本当に深く知っていることにはなりません。比較の問いを通し、その社会状況の特質をより深く知っていくことができます。

## 3．発達の問い

　発達の問いとは、歴史的な変化という視点で今の社会状況を見つめてみることを言います。「今日の日本では、高齢者が増え、介護福祉の社会化が起きている」というとき、それはいつ頃から始まったのか、そのような状況が起きる前の社会とは何が異なっているのかというような問いを立て、考えていきます。同じ社会のなかの歴史的な変化を見ていくことにより、そのような社会状況が生じてきた背景を知ることもできるでしょう。

　すでに説明した「比較の問い」とこの「**発達の問い**」は、その社会状況を他の社会との比較という横軸、歴史的な比較という縦軸を通して、より深く理解していくための視点を提示してくれることになります。

## 4．理論化の問い

　「実態の問い」、「比較の問い」、「発達の問い」などを通し、その社会状況をより深く知っていくとき、「AならばBとな

る」という仮説が浮かび上がってくることでしょう。Aを原因、Bを結果といい、**因果関係**（原因－結果という関係）にあるといいます。この因果関係を見つけていくことにより、もしその社会状況が問題であり、解決するべき課題を抱えているならば解決する道順が見えてきます。原因を特定することにより、効果的な対処ができるようになるでしょう。もちろん、解決するべき課題を抱えていないこともあります。また単純な課題の設定では困る場合もあります。

　たとえば、「高齢者が増えたならば、介護福祉の社会化が起こる」という仮説のなかでは、「高齢者が増える＝A」、「介護福祉の社会化が起こる＝B」となります。この仮説が正しいかどうかは、他の高齢化率が高い社会と比べる「比較の問い」などにより、検証していくことができるでしょう。もし、この仮説自体は、ある程度の妥当性を持つとしても、この仮説から「介護福祉の社会化」を避けるためには「高齢者の増加」をなくす、という単純な課題の設定をしたら困ることになります。そもそも「介護福祉の社会化」という状況は、解決しなければならない社会的な問題であるのかどうか。それから「高齢者の増加」をなくす、という方法は人道的な方法で具体的に考えられうるか、ということも考えなくてはなりません。

　この仮説を少し修正し、「介護福祉の社会化」を「社会保障費の増大」に置き換え、「高齢者の増加」を「少子高齢社会化の進展」とすると、「少子高齢社会化が進むと、社会保障費が増大する」となります。確かに社会保障費の増大は、国民生活を経済的に圧迫することにもなるので、解決が必要な状況であると言えるでしょう。そこでこの解決のために「少子高齢社会化の進展」を抑制する、という方法を考えることにします。少子高齢社会化の進展を抑制するためには、出生率の上昇が必要と考えるかもしれません。「なぜ出生率

が低下したのか」を考えると、「出生率の低下」自体が結果（＝B）となり、その原因（＝A）を探る必要が出てきます。「女性の高学歴化」、「就労する女性への支援の少なさ」、「育児支援の少なさ」、「婚姻率の低下」など、すでに指摘されているいくつかの少子化の原因が考えられます。これらの原因となる可能性のある事柄と「出生率の低下」という結果の因果関係を探り、より妥当性の高い因果関係を見つけ、そしてさらに問題となる原因情況を改善する方法が見つかったとき、「少子高齢社会化」の進展を抑制することができるかもしれません。そしてその社会状況の改善が、「社会保障費の増大」を抑制することに繋がるかもしれません。ひとつの仮説から、下位レベルの仮説が生じ、それらが組み合わさる形で、問題状況が構成されていることがあります。このように仮説の妥当性を検証していくことを**「理論化の問い」**と言います。

　社会学の創始者と言われるオーギュスト・コント(注1)は、「予見し行動せんがために知る」と言いました。社会学は、ただ社会状況を分析するだけではなく、問題となる社会状況に積極的に関与していってこそ、その意味を持つといえます。そのためには「理論化の問い」まで立てていくことが重要となります。

　理論化の問いを立てることにより、多くの反論もなされることでしょう。先ほどの「少子高齢社会化が進むと、社会保障費が増大する」という仮説に対しては、「少子高齢社会化の進展」の抑制だけを「社会保障費の増大」を抑制する方法とみることの妥当性が問われることでしょう。少子高齢社会化が進んでも、積極的な女性、高齢者、外国人労働者の雇用政策をとれば、社会保障費の増大は避けられると考える人もいるかもしれません。また、そもそも「社会保障費の増大」を当然のこととして、それを問題と考えること自体を問いただす人もいるかもしれません。このように「理論化の問い」

(注1) Auguste Comte 1798～1857年。フランス人。社会学 sociologie の語を創出したため社会学の祖とされる。主著『実証哲学講義』、『社会学的思考の流れ』ほか。

は、単純には成り立たず、多くの反論に答え、妥当性のある考えに行き着いたときにようやく成立します。

## 5．立ち止まって考えることの大切さ

社会学は、ただ「常識」を引っくり返すことをねらった斜に構えた学問ではありません。だれもが「自明のこと」と思う事柄を一度、疑ってみて他の考え方はできないだろうか、と自分自身に問いただす過程を通し、社会と自分自身をより深く知っていくことを目指します。そしてよく考えた結果が「常識」と一致することも多々あります。

しかし、だからと言って深く考察したことが無意味ではないでしょう。一度、よく考え納得したことは他人に説明するときにも、また自分自身が次に行動するときにも、よい指針となります。なんとなく物分りよく振舞うだけではなく、一度、立ち止まって「考えてみる」ことは重要です。その時に、上記の「実態の問い」、「比較の問い」、「発達の問い」、「理論化の問い」という4つの問いが役立ちます。「自明のこと」を改めてよく考えてみることを通して、社会学は「常識」が説得力を増していくことに寄与するでしょう。

# Ⅱ　社会構造と人間の行為

## 1．人間社会に生まれてこそヒトは人間になる

ヒトは人間社会に生まれ、そしてそのなかで育って初めて人間になると言われます。そうでない場合として何例かの野生児(注2)の事例が知られています。野生児たちは言語や人間らしい感情表現を持たないことが報告されています。そのことから感情ですら人間社会で後天的に学習したものであることが分ります。人間は生まれ育った社会が持つ言語や文化に大きく影響を受けることから、社会を鋳型、人間はその鋳型からでき上がる生成物のように見ることもできます。つま

(注2)
人生の早期に、①荒野や森で迷子になるか、②狼、熊、羊などの動物に育てられるか、③遺棄や隔離をされて育つという事情から人間的環境を離れ野生生活を送ったと思われる子どものこと。アヴェロンの野生児、ほか。

り社会をクッキー型、その社会で生まれ育つ人びとをクッキーと見る、ということです。

　たしかに、日本で生まれ育った人びとは日本語を話し、日本の文化を自然と身に付けていることでしょう。物事の感じ方も、イギリス人やフランス人と異なるところもあるでしょう。このように見てみると、社会がまずあり、人びとはその後に続くものに過ぎないと感じるかもしれません。しかし、この見方は必ずしも適切ではありません。確かに日本で生まれると、多くの人びとは日本語を話すようになります。しかし、言語はいつでも教わったとおりに話されているわけではありません。わざと省略したり、違う使い方をすることもあります。それが流行となり、いつしか異なった意味合いで言葉が使われ始めることもあります。言語は、一旦、その社会から教わり後天的に身に付けるものですが、使っているなかで人びとは自由にその使用法を組み替えていくこともあるのです。社会が人びとを形作るだけではなく、人びとが新しく社会を作り直しているということがいえます。

　このように考えると社会は決して、鉄でできたクッキー型のような硬直したものではなく、人びとの変化に合わせて社会という器も型を変え得ると見ることができます。言語や文化などの、その社会のなかに作り上げられた特有の規則性や様式を社会構造と言いますが、この社会構造はただ同じものが伝承されるだけではなく、新しく更新されることもあるといえるのです。

## 2．社会的再生産と社会的変容

　少し長い目で、ちょっと遠くから社会を見つめるとき、社会は社会的再生産と社会的変容との間で社会構造を引き継いだり、変容したりしていると見ることができます。社会は自動車のエンジンが駆動し続けるように変化なく、同じ動きを

続けるのではなく、時の経過と共に活動の有り様も変わってきます。日本で生まれ育った人が日本語を話し、次の世代にも日本語を継承していくという点では、社会的再生産が為されていますが、そのなかでも新しい言葉遣いが生まれ、それまでと違った意味が付加されてくることに目を向けたときにそこには社会的変容が生じているといえます。人間の社会は、「その建物を構成するレンガそのものによって時々刻々と改造されていく建物のようなもの」と理解することができるでしょう。

社会のなかで生まれ育つ人びとは、受動的なだけではなく、社会を作り上げる主体的な存在であるといえるでしょう。それでは、社会のなかで生きる人びとは常に意識的に社会を作り変えているのでしょうか。

## Ⅲ　意図せざる結果

### 1．ウェーバーによる4つの行為類型

人間の行為は、その行為者の意図通りの結果に繋がるとは限りません。ドイツの社会学者であるマックス・ウェーバー(注3)は人間の行為を目的合理的行為、価値合理的行為、伝統的行為、感情的行為の4種類に分類しました（図1-1）。この分類では、行為者の動機と行為に着目して分析がなされています。目的合理的行為と価値合理的行為を「合理的行為」、伝統的行為と感情的行為を「非合理的行為」と分類しています。

図1-1　ウェーバーによる4つの行為の類型

| 合理的行為 | 目的合理的行為 |
| --- | --- |
|  | 価値合理的行為 |
| 非合理的行為 | 伝統的行為 |
|  | 感情的行為 |

(注3)
Max Weber
1864〜1920年。ドイツ人。社会科学の方法論をはじめとして経済、政治、法律、宗教、歴史と広大な領域に及ぶ多産的な業績を残した。『プロテスタンティズムの倫理と資本主義の精神』など著書多数。

目的合理的行為とは、目的達成のために為される意図的な行為です。試験でよい成績をとるために試験勉強をすることは目的合理的行為であるといえます。価値合理的行為とは、宗教などの自ら大切にしている価値観に従ってとる行為のことです。その大切にしたい価値観を守るという動機に従った行為です。目的合理的行為と価値合理的行為は、動機と行為が一致しているという点で、合理的行為とみなされるのです。

伝統的行為とは、その社会や文化のなかで伝統的に続く慣習に従った行為のことです。なぜそのようにするのかという理由は分からなくても、なんとなく慣習に従って行い続ける行為を伝統的行為といいます。感情的行為とは、行為者のその時の感情に従って為された行為のことです。伝統的行為と感情的行為は、行為者が目的達成のために明確に意図して行ったというより、なんとなくやっている、あるいは思わずやってしまったという意味で、動機と行為が一致しているとは言えず、非合理的行為とみなされます。

## ２．資本主義社会の成立過程の分析

ウェーバーは、この行為類型を用いて資本主義社会の成立を分析しました。営利目的に運営される組織的活動の相互行為からなる市場経済により成り立つ**資本主義社会**は、一見すると目的合理的行為によって成立したかのように思えます。しかし、その成立過程を分析すると資本主義社会は、「営利追及」という目的により成立したのではなく、プロテスタントの世俗内禁欲的な価値合理的行為により、資本の蓄積が進み、それが資本主義発生の契機になったと、ウェーバーは考えました。このように考えると資本主義社会は、営利追及という目的合理的行為によって成立したのではなく、価値合理的行為の結果として成立したものであるといえます。営利追求という目的の結果として成立したのではなく、意図せざる

結果として資本主義社会は出現したというのです。

　資本主義社会の出現に限らず、社会の変化は、このような意図せざる結果として起きていることが多い、というのも忘れてはならない事実です。そこで行為者の動機に着目しその行為を理解するだけではなく、動機とは別にして、客観的にどのように機能しているのかを分析していく視点を持つことが重要となります。

### 3．マートンの機能分析

　アメリカの社会学者であるロバート・マートン(注4)の**機能分析**の視点は、行為をその機能に着目し理解することに役立ちます。マートンの機能分析では、行為には目的達成に肯定的に機能する「**順機能**」と、否定的に機能する「**逆機能**」があるとみます。その思惑とは別にして否定的に機能してしまう場合もあるというのです。

　たとえば、試験前夜の徹夜での勉強は、高得点を取るために行ったはずなのに、「高得点をとりたい」という意図とは裏腹に寝不足で頭が働かずにまったく勉強をしなかった場合よりもはるかに低い点数となってしまったとすると、徹夜での勉強は逆機能を果たしたことになります。このように目的達成にどのように機能したかにより、順機能と逆機能とに区別することができます。

　また、行為者の主観的な意図と、行為の客観的結果が一致する場合を「**顕在的機能**」といいます。これとは逆に、行為者の主観的な意図と、行為の客観的結果が一致しない場合を「**潜在的機能**」といいます。マートンは、雨乞いをするホピ族(注5)の儀式を、雨を降らせるという顕在的機能は果たさないが、意図されていない潜在的機能として各地に散在しているホピ族のメンバーが一カ所に揃って共同活動を行う機会を作ることによって部族の連帯感を強化するという側面を持

(注4)
Robert K. Merton 1910～2003年。アメリカ人。1940年代以降の社会学理論の発展に大きな影響を与えた。社会学的機能主義の定式化を行う。社会構造とアノミー、準拠集団、自己成就的予言など、多岐にわたる社会的事象について具体的な分析を行った。『社会理論と社会構造』、『機能主義』など著書多数。

(注5)
アメリカの先住民族であるホピ族は雨乞いの儀式をあげることが知られている。従来、「未開民族の迷信的な慣行」と考えられていたがマートンは、この行為に潜在的機能があることを見出していく。

っていることを指摘しています。それまで未開民族の迷信的な慣行として片付けられていた儀式は、まったく意味を持たないものではなく、その民族の文化を形作る大切な機能を果たしていることが、この潜在的機能という視点を導入することによって明らかとなってきます。社会のなかの人びとの行為には、このように意図的ではなく、またその機能が予測も認知もされていないものの、なんらかの機能を果たしているという潜在的機能を持つ行為が数多くあるのかもしれません。意図せざる結果は、この潜在的機能の結果であるといえます。

それでは、次にこの意図せざる結果を、介護福祉現場で起こる現象を通して見ていきましょう。

## Ⅳ 意図せざる結果としてのケア
### 1．怒られることがケアとなる場合もある

まず始めに、現在の特別養護老人ホームなどの介護福祉施設のサービス利用者は、すべての人が自分自身で納得してサービスを利用しているとは限らない、という現実を知っておく必要があります。本当は自身で納得してサービスを選択していればよいのですが、介護する家族の状況など諸事情により、本人が納得するより前にサービスを利用するに至ったというケースがとても多いのです。また老いを生きるなかで、思い通りにならなくなっていく身体や現在の自分自身のおかれた状況に納得しきれず、やり場のない怒りや悲しみを抱えているサービス利用者がいることは、それほど珍しいことではありません。理屈では簡単に片付かない状況を生きている人びともいる、ということです。

このような介護福祉施設で介護福祉の仕事についた新入職員や実習生が、時々、サービス利用者に厳しく叱りつけられ、泣いている姿を見ることがあります。本当にどうしようもない失敗をして、怒られて当然という場合もありますが、「そ

こまで怒らなくても」と思えるほど、厳しく叱りつけられている場面を目にすることもあります。

　新入職員や実習生のちょっとした失敗は、サービス利用者の生活の支援という目的に対し、逆機能を果たしたと見ることもできますが、実際にはそれほど、大きな逆機能を果たしているわけではないようです。それよりもそもそもの新入職員や実習生の意図とは違う潜在的機能を果たしていると言えそうです。どうしても治まりきらないやり場のない怒りや悲しみを抱えるサービス利用者が、ちょっとした失敗を許せず、そこに気持ちを大きくぶつけてしまうこともある、ということです。そうでもして気持ちを吐き出さないことには、今を生きることが辛いサービス利用者にとっては、善い・悪いという価値判断とは別にして、せざるを得ない行為であると言えるでしょう。この時、新入職員や実習生の失敗は、抱えきれない怒りや悲しみを抱えたサービス利用者の気持ちを発散することに役立ったと見ることができます。その怒りの後、少しでもサービス利用者の気持ちがすっきりしているようであるならば、その怒られた場面は意味のあるものだったと言えるでしょう。このようなことを経験的に知っている先輩職員から支えてもらえた場合、新入職員や実習生はそのような機会を乗り越えていくことができますが、支援がない場合、とても傷つくことになります。時には、ちょっとした失敗でサービス利用者から怒られることもケアのうち、と考えることも必要です。このような失敗も**意図せざる結果**としてのケアとなりうるのです。

　介護現場では、このようなことが頻繁に見られるわけではありませんが、このような出来事もごく稀にはあることを知っておく必要があります。そのような場面に出会った時に自分自身のおかれた状況を少しでも客観的に見ることができれば、その後の気持ちの整理が楽になることでしょう。

## 2．ケアされるケア

　また介護現場では、新入職員や実習生の頼りなさや失敗は、サービス利用者から怒られるという否定的ものとしてではなく、サービス利用者の親心に火をつけるきっかけにもなります。心許ない新入職員や実習生を、孫を見るような目で、見守るサービス利用者は、いつも以上に生き生きとしっかりしていることがあります。いつもなにかをしてもらう立場になりやすい介護サービス利用者が、心配してあげる対象として新入職員や実習生を見つけるとき、その人の持つ思いやりの気持ちが強く引き出されることになるようです。このように考えると新入職員や実習生の頼りなさやちょっとした失敗も、その意図とは別にして、十分にケアとして機能していることになります。新入職員や実習生の行う「**ケアされるケア**」は、多くの場合、意図的に行っているのではないようです。このような意図せざる結果としてのケアも含め、介護現場では多くの人と人との交流からケアが生まれています。

## V　相対化して自分の行為を見つめることの大切さ

　人の行為は、すべてが意図どおりではないし、よかれと思ってしたことが逆機能を果たしていることもあるかもしれません。また意識することもなく、無自覚のままに行ってしまうことも多々あります。そのような人と人がともに過ごすことから成り立つ社会を理解するのは容易なことではないでしょう。しかし、社会は人の手の届かない外側にあり、変えようのないものではなく、社会のメンバーである人びとの意識や行為が変わることにより、その社会もまた変容していくものです。社会に対してひとりひとりの人間は、決して受動的なだけではなく主体的な存在であることを忘れてはいけないでしょう。

このように考えるとき、今の日本社会を生きるひとりひとりとして、この社会の抱える状況を適切に理解し、どのような社会であることが望ましいのかという夢を抱くことも大切となります。その夢を具体的なビジョンとし、行動するための第一歩として自分自身が所属する社会のさまざまな社会現象を、少し立ち止まって考えてみましょう。社会現象を読み解き、自分自身も見つめ直すとき、今までよりも少し自分の行為を相対化して見ることができるようになるでしょう。
　とくに、介護福祉の現場は、人と人が交流するところです。介護福祉の本来の目的を達成するためにも、行為者としての自分を相対化する視点を身に付けることが大切です。忙しい現場で、まさに人と人とのなかにどっぷり浸かっているときには、どうしても自分の思いである「意図」に縛られやすくなります。「私は、こういうつもりでやったのに！」、「どうして私の気持ちが伝わらないの！」と自分自身の思いである「意図」を軸に、状況を解釈しても、物事が好転しないこともあります。「意図」とは別にして、その状況のなかで自分の「行為」はどのように機能しているのだろうか。順機能か、あるいは逆機能か。またはこの状況のなかで潜在的機能となっていることはないだろうか。そのように少し冷静になって自分自身の行為を見つめ直す余裕が持てるとき、その状況のなかで必要とされることが見えてきて、介護福祉士としての本来の目的である「サービス利用者が、その人らしく生きるための生活の支援」が適切に行えるようになるでしょう。
　人と人が交流する現場であるからこそ、それぞれの人びとの思いである「意図」だけではなく、「行為」にも着目し、状況を理解していくことが大切となります。人の気持ちを大切にしたいという考えから、思いである「意図」にばかり焦点を当てているとかえって状況は見えにくくなってきます。それでは、人の思いに答えることのできない意図せざる結果

となってしまいます。

さらに勉強したいひとのために
アンソニー・ギデンズ『社会学』而立書房，1992年．
マックス・ウェーバー『プロテスタンティズムの倫理と資本主義の精神』岩波文庫，1955年．

# 第2章

## 社会的存在になるということ
　―社会化と適応―

下山久之

　ヒトは人間社会に生まれ、そしてそのなかで育って初めて人間になっていくということを第1章で説明しました。社会のなかで育つことにより、知らず知らずのうちに、人間という社会的存在になっていくのです。社会的存在になっていくことを**社会化**されるといいます。この社会化にはいくつかの次元があります。またそれぞれの個人が、自分が所属する社会のなかで自分が過ごしやすくするために調和的関係を作り上げることを適応といいますが、この適応にもいくつかのタイプがあります。この章では、社会化と適応について考察していきます。

## I　第1次社会化

　ヒトが生まれ育つのは、家族のなかです。ヒトは生まれてすぐに母親やそれに代わる人間との交流のなかで育っていきます。食べ物を与えられ、排泄のケアを受け、それらを通し「しつけ」を身に付けていきます。この初期の社会化を**第1次社会化**といいます。第1次社会化は通常、生まれてすぐの頃から学童期に入ってしばらくの頃までになされる社会化を指します。第1次社会化では、言語の獲得、食事や排泄など基本的な生活行為の獲得、親しい人びととの間のコミュニケーション能力の獲得、それから簡単な善悪の価値判断の内面化（＝道徳意識の形成）もなされます。この過程において、人間性の核となる部分は形成されていると見られています。

　この第1次社会化がなされる集団が、第1次集団です。第

1次集団は、①少数のメンバーによる親密で対面的な結びつき、②連帯感と一体感がある、③幼児期の道徳意識の形成がなされる、④他の集団との関係を安定強化させ、社会秩序の形成に貢献すること、などの特徴を持ちます。この第1次集団の具体的な例としては、家族、子どもの遊び仲間、近隣集団などがあげられます。

## Ⅱ　第2次社会化

　第1次社会化を経た人びとが、次の社会へ進んでいくためになされるのが第2次社会化です。この第2次社会化は初等教育の頃から始まると考えられます。第2次社会化では、社会のさまざまな領域へ参加できるように具体的な役割や内容を身に付けていくこととなります。この第2次社会化は、すでに第1次社会化で基本的な人間性が形成されていることを土台として、その上に積み重ねられる形でなされていきます。第1次社会化が十分な形でなされていないと、この第2次社会化は適切に進展していかないことになります。

　ひところ、「学級崩壊」として話題となった小学校の新入生クラスにおいて、大勢の児童が座っていられない、授業中に机の上にのって遊びだすという光景は、第1次社会化がなされていない子どもたちが、そのままに第2次社会化の場である初等教育の課程へ進んでしまったゆえに起きていた現象と見ることもできます。あるいは、第1次社会化の過程と第2次社会化の過程が非連続的で矛盾を伴う状況であったと考えることもできます。それぞれの家庭や幼稚園で得てきた習慣が、小学校という初等教育の場で要求されることとかみ合わなかったということです。まだ第1次社会化がなされていないという「発達途中の段階」と見ることと、従来の第1次社会化とは異質な形で社会化がなされているという「第1次社会化の異質化」と見ることにより、状況の理解と対応は異

なってくるでしょう。

　現在の初等教育では、この第1次社会化が十分になされていない状況、あるいは第2次社会化へはスムーズに移行しにくい「第1次社会化の異質化」という状況を過ごしてきた児童たちが、入学してくることとなります。そのため従来どおりの第2次社会化では、受け入れがうまく行かないという現象が見られてきます。これは学童期から初等教育への移行の時期ばかりではなく、学生生活から社会人としての生活という移行場面でも見られる現象です。第1次社会化と第2次社会化の境界線の不明瞭化が起きている、と見ることもできます。

　第2次社会化は、いつの時点で終了というはっきりとした区切りを持ちません。通常、第2次社会化がなされる集団を第2次集団といいます。第1次集団と比較して、第2次集団は、①間接接触を基礎とする、②多少とも意識的に組織された集団であること、を特徴とします。この具体的な例が、学校、政党、組合、企業組織、国家などです。

## Ⅲ　自我の形成

　第1次社会化、第2次社会化という社会化の過程のなかで、個人が社会的存在になっていくことを見てきました。今度は、その個人により焦点を当て、個人がどのように自我を形成していくのかを見ていきましょう。ここでは、アメリカの社会学者であるジョージ・ハーバード・ミード(注1)の分析を紹介します。

### 1．遊びを通しての自我の形成

　ミードは、幼い子どもは自分の周りの人たちの行為を**模倣**することで、社会的存在として発達すると考えました。

　2、3歳の子どもは大人が料理しているのを見て、泥のパイを作ったり、大人が庭仕事をしているのをみて、同じよう

(注1) George Herbert Mead 1863～1931年。アメリカ人。社会化、役割取得、準拠集団、社会的自己などミードの理論の核心は内省的行為の社会性の議論にあった。論文以外、体系だった著書を残していないが、死後『精神・自我・社会』などが学生のノートなどから編纂された。

にスプーンを使って穴を掘ったりします。最初は、このような単純な模倣から始まります。

　次の段階、つまり４、５歳になると子どもは、単純な模倣から「大人の役割」を演じるようなより複雑な遊びをするようになります。ミードは、これを「**他者の役割の取得**」といいました。おまま事のなかで母親の役を演じる女の子が「遊んだ後のおもちゃは、きちんと篭（かご）のなかにしまうのよ」と、いつも母親に言われている台詞（せりふ）をそのままに口にすることがあります。これは、その女の子は、他者である母親の目を通して自分自身を見始めているのだとミードは考えました。他者の目を通して、別個の行為主体として自分自身を理解する段階に達したと考えることができます。別個の行為主体として、見ている対象である自分をミードは、「客我」と呼びました。ミードは「**主我**」と「**客我**」を区別して考えました。「主我」とは、社会化されていない幼児そのものであり、自然に発する要求や願望のことをいいます。これに対し、「客我」とは社会的自我のことであり、人間は他者が自分を見るように自分自身を見ることができるようになることで「自己意識」を発達させると、ミードは論じています。この「客我」を形成する４、５歳の頃に、子どもは自己理解ができ、一番身近な家族という範囲を超えて活動できる、主体的な存在になるといわれます。

　さらに子どもは８、９歳の頃により複雑な遊びに参加するようになります。ただだれかの役割をこなすような遊びではなく、規律のあるゲームに参加するような年齢になって、初めて子どもたちは社会生活を営む上で従うべき「**価値基準や道徳体系**」を総合的に理解し始めるとミードは考えました。規律のあるゲームに参加するためには、遊びの決まりと、公平さや対等な参加という概念も理解していかなければなりません。この「価値基準や道徳体系」をミードは、「**一般化さ**

れた他者」と呼びました。特定のだれかではなく、その社会のなかで基準となる価値観や道徳体系を内面化し、それに照らし合わせて自分自身を見つめることができるようになったとき、子どもは**自律的な社会的存在**になったといえます。

　子どもは、その成長段階に合わせて、遊びを通して「他者の役割の取得」をし、他者の目を通しての自分である「客我」を得て「自己意識」を形成し、そしてさらに「一般化された他者」という価値基準や道徳体系を内面化していくことにより、自立的な社会的存在となっていくというのです。

## IV　1次的適応

　次に大人の社会化について見ていきます。ここでは、カナダ出身でアメリカにおいて主な研究を行ったアーヴィング・ゴッフマン(注2)の分析を中心に見ていくことにします。

　ゴッフマンは、全面的収容施設における大人の社会化について研究しています。ゴッフマンは全面的収容施設のなかで2次的適応が起こると論じていますが、2次的適応の概念と区別するために、あえて1次的適応についても説明しているので、最初にその概念について説明します。

　1次的適応（あるいは1次的調整）とは、ある個人が特定の組織に要請された活動を、その指定の条件のもとで、協調的に行うとき、その個人は協調者となり、正常な、想定どおりのメンバーとなることをいいます。1次的適応は、その組織のメンバーになりたいと願っていた個人が、その組織のメンバーとなったときに起こりやすい適応のタイプであるといわれます。第1希望の大学へ入学した新入生が、真面目に講義を聴講し勉学に励んだり、希望していた企業に就職した新入職員が、その企業の求める業績をあげるために懸命に仕事に従事するのが、その例となります。組織の求めることと、個人の意図と行為が一致している適応となります。

(注2)
Erving Goffman 1922〜1982年。カナダ生まれのアメリカの社会学者。人間の営む日常生活を劇場にたとえ分析するドラマトゥルギーの手法をとる。主著『アサイラム』、『スティグマの社会学』ほか。

## Ⅴ 全面的収容施設と２次的適応

　それでは、全面的収容施設と２次的適応（あるいは２次的調整）について見ていきます。最初に、全面的収容施設の特徴について説明しましょう。

### １．全面的収容施設の特徴

　欧米社会の**全面的収容施設**には、次の５種類があるといわれます。第１に、盲人、老人、孤児、あるいはなんらかの障害を持つ人などで、自分自身で生活することに能力を欠く人を収容する施設があります。第２に、自己の意思とは関係なく社会に対して脅威を与えると感じられる人びとを入所させる、結核療養所、精神病院、ハンセン病療養所などです。第３に、社会に対して意図的に危害を加えうると感じられる人びとから社会を守るための収容施設である、刑務所、矯正施設、捕虜収容所、強制収容所です。第４に、仕事のような活動を効果的に遂行することを意図して設置されている、兵営、船舶、寄宿学校、合宿訓練所などです。そして最後は、世間からの隠棲の場所として設置された、僧院、男子修道院、女子修道院などの営造物です。

　これらの施設に共通する特徴は、第１に、生活のすべての場面が同一の場所で、管理的になされるということです。第２に、この施設のメンバーは日常生活のあらゆる場面で同じ扱いを受け、同じ時間帯に同じ事をするように要求されるということです。つまり、食事のときは、皆一斉に食事をし、消灯時間も決まっていて一斉に眠るという組織的な生活リズムが刻まれるということです。第３に、毎日の活動のすべての面が整然と計画され、一つの活動はあらかじめ指定された時間に行われ、決められた時間には次の活動に移るということです。諸活動の順序全体は、上から明示的な形式的規則体

系によって押し付けられることになります。そして最後に、さまざまなの強制されている活動は、当該施設の公式目的を果たすように意図的に設計された単一の首尾一貫したプランにまとめ上げられているということです。（図2-1）

図2-1　全面的収容施設の特徴

| 1．生活のすべての場面が同一の場所で管理的 |
| 2．被収容者は全員、同じ時間帯に同じ活動をする |
| 3．形式的規則体系に従った整然と計画された生活 |
| 4．さまざまな活動は当該施設の公式目的を果たすように意図的に設計されたプランにまとめられている |

## 2．監督者である職員と被収容者の隔たり

　このような全面的収容施設の生活を滞りなく運営するために、大量の人びとを収容施設的に組織することが必要となります。そのために、管理される多数の**被収容者**と管理する少数の**監督者**に分けられます。この被収容者と監督者には、明確な立場の違いがあり対等な関係ではないことを忘れてはいけません。通常、監督者はある一定時間の勤務を終えたら、この施設の外へ出て行き、帰宅することになります。監督者は、社会的には外部世界に統合されているといえます。監督者は、すべての被収容者を平等に扱うために、一律に距離をおき、感情的交流を持たないようにします。監督者と被収容者の役割が入れ替わることはほとんどなく、社会的距離が極めて大きく、形式的に規定されてもいます。

## 3．被収容者が体験すること

　被収容者は、入所前には「こんな姿が自分らしさである」という自己概念を持っています。しかし、全面的収容施設に一度、入所するとそのような自己概念は、簡単に剥奪されま

す。それまでに作り上げてきた自分らしさという役割や概念を、簡単に剥奪されてしまうのです。そして一度、入所した場合、ここから退所しても、もとの自分の役割や自己概念を持つことが難しくなります。入所期間の長さや、その間の体験が自己概念や他者との関りを変えてしまうのです。全面的収容施設の外では、許可を得ずに自由に行うことができた行為も、一度、全面的収容施設に入所したら、ひとつひとつ許可を得なければならなくなります。このようにしてごく当たり前の権利さえ、奪われていきます。そして多くの全面的収容施設では、服装や髪型なども画一的な外見にされていきます。また入所の際に、通常の世界では、決して他人に知られることのない個人情報が、監督者の目の前に晒されることになります。医学的検査や安全確保のための身体検査は、しばしば被収容者の裸体をも晒しものにすることとなります。（図2-2）

図2-2　被収容者が体験すること

| 1．入所以前の自己概念の剥奪 |
| --- |
| 2．当たり前の権利を奪われる |
| 3．個性の剥奪（髪型・服装など外見の画一化） |
| 4．プライバシーの剥奪 |

### 4．監督者である職員が体験すること

　まず全面的収容施設の職員が体験することは、その仕事の対象が「被収容者」という人間であるということです。全面的収容施設の目的を達成するために、多くの被収容者に同じように、あたかも無機物に触れるように感情を交えずに関ることが多くなります。そして被収容者に対して、「この施設に入所してくる理由があるのだから」と、被収容者のなかに自分とは異質性があることを感じ取っていきます。少しでも

その異質性を感じると安心する傾向も見られます。たとえば、精神病者が情緒的に不安定な言動を示すときに、「やっぱり精神病者だな」と職員は納得するのです。このような印(注3)を見つけることにより、相手を人間的に扱わないことを、自分自身で正当化することができます。

(注3) この印をスティグマという。122頁参照。

しかし、同時に職員には、対象者が人間である以上、ある程度、人間的な処遇基準を保つことも要求されます。相手に無機物のように扱うという側面と、人として認めて関るという相反する2つの行動指針のなかで大きく揺れ動くこととなります。

### 5．全面的収容施設で見られる被収容者の2次的適応

全面的収容施設における被収容者は、監督者である職員と対等な関係にはありません。職員の機嫌を損ねず、良好な関係であることが、今日を少しでもマシな一日とするために大切になります。それでは、被収容者には何ができるでしょうか。できることは、たった1つ、職員が期待する被収容者のイメージ通りになることです。

職員が期待する被収容者のイメージとは、この全面的収容施設に入所させられるなんらかの兆候を示すということです。精神的に不安定なところがある人は、「精神病者らしく」振舞うようになります。それを見た職員は、印を見てホッとします。「あぁ、やっぱり精神病者だな」と思うのです。自分が思い描く通りのイメージであることから、職員は納得しやすく安心もします。そしてその結果、被収容者に対してそこそこに優しくもなります。

精神的に不安定な傾向を持つ人が「俺は精神病者ではない！　普通だ！」と頑張ると、職員と対決することになり、あっさり白旗をあげて、「私は精神病者です」と認めると職員との緊張関係を回避できるのです。最初は、自分自身のか

つての自己概念を守るためにがんばっていた人も、やがてこの対等ではない人間関係のなかで、もがき苦しむことを諦めていくのです。そして、いま、ここでの不要な緊張関係を回避するために、相手の思い描くイメージ通りの被収容者を演じていくのです。そしていつしか、それは演技というよりも自分自身の**アイデンティティ**そのものになっていきます。これが全面的収容施設に見られる2次的適応です。全面的収容施設に見られる2次的適応とは、全面的収容施設の被収容者が監督者である職員や世間一般の人が抱く、その全面的収容施設の入所者のイメージ通りの存在になっていくことによって、職員との余計な緊張関係を回避していくということなのです。

ここで気をつけなければならないのは、この全面的収容施設で見られる2次的適応は、「不適応」ではないということです。適応に失敗した不適応ではなく、適応の一種であるということです。監督者である職員は、決して悪意があって相手をはめているわけではありません。監督者である職員と被収容者との相互作用により、このような適応の形が形成されていくのです。

精神的な弱さ、繊細さを抱えた人を、「治す」ことを目的とする精神病院で、そのような精神的弱さ、繊細さを抱えた人がはっきりとした「精神病者」というアイデンティティを身に付ける場となっているというのがゴッフマンの分析です。これは**意図せざる結果**であるといえます。

## 6．犯罪的規範を学ぶ場としての刑務所

2次的適応ではありませんが、本来、更生を目指す場である刑務所や少年院が、犯罪的規範を学ぶ場として機能していることも知られています。エドウィン・H・サザーランド(注4)は、犯罪を**分化的接触**と結びつけて考えました。多種

(注4)
Edwin H. Sutherland 1883〜1950年。アメリカ人。犯罪社会学者。『刑事学原論』、『ホワイトカラーの犯罪』など。

多様な下位文化からなる社会には、違法な活動を促しがちな社会環境もあれば、そうでない環境もあります。初めて違法行為を行う人の多くは、犯罪的規範を保有する人たちとの接触を通して、非行少年や犯罪者になるといわれます。また、一度、違法行為を行った人は、少年院や刑務所で更なる犯罪的規範の強化に関ってしまうことになる可能性があります。犯罪的規範を学ぶ場として刑務所や少年院が機能していたとすれば、まさに逆機能を果たしているといえます。

また、最近、刑務所で長く暮らしていた人が、退所後にすぐ軽犯罪を繰り返し、刑務所に逆戻りしていくケースが多くなってきているといわれています。刑務所から退所してすぐの人が行う万引きなどの軽犯罪は、刑務所に戻ることを意図的した行為であるといわれます。刑務所暮らしが、社会のなかで生きていく力を奪い、刑務所のなかでしか生きられない人を作り上げてしまったというのです。収容することに意義があるのではなく、本来の目的を果たすためには何が必要であるのかを考え直す必要もありそうです。

## Ⅵ 全面的収容施設からの学び

介護福祉施設のなかには入所施設も含まれます。特別養護老人ホームなどの入所型介護福祉施設が全面的収容施設としての特徴を持っているという危険性はないでしょうか。

もしすでに見た全面的収容施設の特徴に程度の差はあれ、通じるところがあるとしたら、早速改善が必要でしょう。
①全面的収容施設の特徴

画一的で管理された生活は、全面的収容施設の生活であるといえます。それぞれのサービス利用者がやりたいことを自由にやれるような大らかさが保障されているでしょうか。たまには朝寝坊をしたり、自由に外に遊びに行くような生活になっているでしょうか。すべてのプログラムがきっちり決ま

っている生活になってはいないでしょうか。
②監督者である職員と被収容者との隔たり
　介護福祉施設の職員は、本来、サービス利用者を「管理・監督」する役割ではありませんが、少数の職員と大勢のサービス利用者という構造から、いつしか「監督者」のような振る舞いに陥ってしまう傾向が見られるようです。すべてのサービス利用者と公平に接するために一律に距離をおき、感情的交流を避けるようなことはないでしょうか。
③被収容者が体験すること
　介護福祉施設のサービス利用者は、本来、被収容者ではありません。介護福祉サービスを利用しながら「その人らしさ」が継続されていることが望ましいといえます。もともと持っている当たり前の権利は、介護福祉施設を利用するようになってからも行使できることが望ましいのです。些細なことにも職員の許可が必要になっていないでしょうか。服装や髪型など画一的な外見になっていないでしょうか。ひとりひとりのプライバシーは大切に守られているでしょうか。
④監督者である職員が体験すること
　介護福祉施設の職員は、本来、サービス利用者を「管理・監督」する役割ではないものの、「監督者」のような振る舞いに陥りやすいことはすでに記した通りです。そのような状況で介護福祉施設の職員は、多くのサービス利用者に平等に関るためにも、感情を交えず無機物を扱うかのような態度になっていないでしょうか。また、サービス利用者と自分との間に大きな異質性を感じて、そこにばかり着目していないでしょうか。そして、無機物を扱うかのような態度と、「尊厳を持つ存在」として関るべきという理念の間で、自分自身が大きく揺れ動き、精神的に辛くなるようなことはないでしょうか。
⑤全面的収容施設で見られる被収容者の2次的適応

介護福祉施設を利用する人は、なんらかの生活の支援を必要とすることは間違いありません。しかし、決して「何もできず、無力で弱い存在」ではありません。

　介護福祉施設で働く心優しい介護福祉士が、相手に必要とされたい、相手の役に立ちたいという一心から、その人のできることにまで手を出し、過剰に介護を行っていることはないでしょうか。サービス利用者が心優しい介護福祉士に気を遣い、その過剰な介護を受け入れ、そしていずれ「お姉さん、あなたがいないと私は生きていけないの」と言わせるまでにサービス利用者を依存的な存在に作り上げているということはないでしょうか。そして、もしそのような言葉を聞いたときに、自分自身が必要とされたことに無常の喜びを感じ、ますます積極的に相手に関っていくというやりとりはないでしょうか。仮にこのようなことがあったとしたら、それは介護福祉士が「ちょっと生活の不自由さを抱えている人」を、明らかな「他者に依存しなければ生きていけない、無力で弱い存在」にしてしまったという逆機能を果たしてしまっている現象であるといえます。

　このような点検を通し、介護福祉施設が全面的収容施設の持つ特徴にはまらないようにしていく必要があります。「生活の支援を得ながら、それぞれのサービス利用者が、その人らしさを大切にし生きていくことを実現する」という介護福祉施設の本来の役割を果たすためにも、介護福祉施設は時々、自分たちの提供している介護福祉サービスを点検していくとよいでしょう。

## Ⅶ　変化の激しい時代に 　「社会的存在になること」の難しさ

　この章では、「社会的存在になるということ」を見てきま

した。現在のように、社会的な変化が激しい時代には、「社会から求められること」や「社会から期待されること」が社会情勢の変化と共に変わって行くように見えるため、ひとりひとりの個人が「社会的存在」になることが難しくなっているようです。どのような社会においても普遍的なものであり、その機能は変わらないと思われがちな第1次集団でさえ、決して普遍的ではないようです。第1次集団である家族が常に、情緒的な紐帯を持ち、「しつけ」の機能を果たすわけではありません。現在、「しつけ」がされておらず、また自我の形成の未熟な子どもたちがそのまま第2次集団に入れられ、そのなかで社会と折り合いを付けられず、不適応を起こすという現象も見られるようになってきています。

　変化の緩やかな時代には、あたかも自然に「社会化」は為されるため、わざわざ「社会化」や「適応」ということを考える必要は感じられないようです。それが適切に機能しなくなったときだからこそ、改めて「社会化」や「適応」という社会現象を考える必要性が生じているのでしょう。

　第1次社会化として為されていた「しつけ」を身に付けないままの子どもがいる反面、第1次集団である家族のなかで行わずに「お受験」に備えて高額な費用を払い専門家に依頼し「しつけ」を行ってもらうケースも見られます。教育は「社会化」の機能を持ちますが、従来、家庭内教育の域であった「しつけ」すら、専門家による教育へ移行するという現象が一部には見られているのです。

　ただ、ここで考えなくてはならないのは、常に「社会から求められること」や「社会から期待されること」に応じてひとりひとりが「社会化」されたり「適応」するだけではなく、逆に個人の立場から「望ましい社会」や「自分の望む自分ら

しい生き方」、あるいは「将来を担う子どもたちに望むこと」を思い描き、そこから出発するという視点を持つ、ということの重要性です。社会は変わり行くものだからこそ、個人の立場から社会に望むことを考え、自分自身の生き方を通し、社会を変革していくことも可能ではないでしょうか。

さらに勉強したいひとのために
アンソニー・ギデンズ『社会学』而立書房, 1992年.
ジョージ・ハーバード・ミード『社会的自我』恒星社厚生閣, 1991年.
アーヴィング・ゴッフマン『アサイラム―施設被収容者の日常生活―』誠信書房, 1984年.

# 第3章

## 理解すること
### ―コミュニケーション―

出口泰靖

　こんな経験はないでしょうか？　相手を理解しようという思いが強まれば強まるほど、なぜかますます相手のことが全然わからなくなってしまい泥沼におちいってしまうようなことって。おそらく、介護実習にはじめて行ったとき、多かれ少なかれ、そんな経験をしてきた人がいるのではないかと思います。はじめての介護の現場で気負いもあるのでしょうが、介護実習先の施設の入居者や利用者の人たちのことをケアしよう、援助しようという思いが強ければ、その分相手を理解しようという思いが強まっていっても不思議ではありません。相手のことが知りたくていろいろと声をかけたりたずねたりするのですが、ほとんど何もかえってこないときに、とまどい、理解できない思いにもどかしさを感じることになるのではないでしょうか。

　学生の時分に認知症ケアの施設でフィールドワークをしている頃、私は認知症の人たちに対してそんな思いにかられる時がありました。彼らが私に示す言動が、何を示しているのか、その人が何を思い、何を考えているのか、わかったとしたら、さぞかしいいだろうなあ、と思う時がありました。その施設に、ゆきさん（仮名）という人がいました。夫が戦死してから稼ぐために、旅館で仲居をして働いていたという人でした。以下はその時の彼女とのやりとりを記した私のフィールドノートからの抜粋です。

　ゆきさん、円柱型のガラスケースを前にしてブツブツ。

「どうなさいました？」「巾着が中に入ってしまって。これからお米を買ってこようと思っているのに」。巾着？　そんなものがこの中にあるんかいな？　と思って、ゆきさんの視線を追ってガラスケースを見ると、中にサンタクロースの人形が、クリスマスプレゼントであるお菓子かおもちゃの入った緑の袋を手にしている。ハハーン、この緑の袋のことか？　「あれ〜、そうなんですか。ゆきさんの巾着なんですか。この中にがま口（お年寄りはよく財布のことをがま口という）を入れているんですか？」と聞くと、そうだという。ゆきさん「どうしてこんなとこに入れちゃったんだろ。上から落ちちゃったのかな」。

ゆきさんが巾着の中にがま口を入れて、お新香の野菜をよく買いに行っていたことがわかっても、ゆきさんにどう関われば気持ちが落ち着いてくれるのか、彼女の心のなかを知りたい、そんな気持ちにかられたことがあります。
　不可解な言動をとるゆきさんのように、相手が何を思い、何を考えているのかわかりにくい人たちに対して、その心が読みとれたとしたら、さぞかしいいだろうなあ、と思う時、ふと思い出すのが民話に出てくる「サトリ」という妖怪です。サトリはその名の通り、相手が心のなかで思ったことをすべてサトってしまうのです。民話の内容は忘れてしまいましたが、おぼろげながら思い出すと、木こりが森で木を切っていると、サトリがあらわれ、木こりが思ったことを「今、○○しようと思っただろ」とすべて読みとり、言い当ててしまうのです。木こりはすべて心を読み取られてしまうのでイライラするのですが、ふいに木こりの斧の刃が柄から外れてしまい、その刃がサトリに刺さってしまいあっけなく死んでしまいます。さすがにサトリも心のない斧の刃がどうなるかまでは読みとれなかった、確かそんな結末だったような気がしま

す。

# I 人と人はそもそも互いのすべてをわかりつくせるものなのか?

## 1.「サトラレ」と呼ばれる人

　相手の思っていることがわかるサトリと反対の存在、「サトラレ」を主人公にした物語があります。これは『サトラレ』という漫画が原作なのですが(注1)、映画やテレビドラマにもなったので、どんな物語かは知っている人もいるでしょう。「サトラレ」という人間は、妖怪サトリとはまったく逆で、口に出さなくても自分の心のなかに思っていることすべてが〝思念波〟として周囲の人に伝わってしまう、わかってしまう、サトラレ（悟られ）てしまう不思議な能力の持ち主のことをいいます。サトラレは、その能力以外はまったく一般市民と変わりのない生活をする者です。ただ、思っていることが他人にまで伝わってしまうくらいなので知能は優れている者が多いという設定です。

　サトラレという存在がいると、実際、どういうことが起きるかというと、たとえば、心のなかで「ばかやろー、お前なんか死んじまえ」と悪態をついたことがその相手に伝わってしまったりします。また、物語のなかでは、優秀な臨床医としての技術をもっていても、サトラレであるがゆえに、「こいつは手遅れだな」とかいう心のつぶやきが当の患者に伝わってしまいます。これは患者の心を傷つけるということで、盲腸の手術しか任せられなかったりします（サトラレは守秘義務を生じる仕事、弁護士や医師、警察官などには向かないということになります）。これらのことはサトラレ本人にとっても、サトラレとやりとりする周囲の人にとっても互いが傷ついてしまい辛いことなのは想像できます。

　この物語の設定は、自分の考えていることが声に出してい

(注1)
漫画原作『サトラレ』（講談社、第1部は単行本全8巻）は、『サトラレneo』として講談社の隔週刊雑誌『イブニング』に連載中。映画版『サトラレ』（本広克行監督、安藤政信、鈴木京香出演）は2001年に映画公開。テレビドラマ版『サトラレ』（オダギリ・ジョー主演）は、2002年にテレビ朝日で放映された。

ないのに全部まわりの人につつぬけに知られてしまう、頭のなかをのぞかれてしまうというサトラレと呼ばれる人たちが存在したとしたら、一体どういうことが起きるだろうか、ということを私たちに教えてくれます。人はだれでも口にはできないことをも頭のなかで思いをめぐらせ、思いをはせます。それは時にとても恥ずかしく、それがゆえに周囲に知られてしまうことは彼ら（サトラレはもちろん周囲の人びとまで）をひどく傷つけるのです。

## 2．「ジョハリの窓」における自己開示

　他者とのコミュニケーションについて考える際、よく取り上げているものに「**ジョハリの窓**」(注2)というのがあります。このジョハリの窓というのは、対人関係で人は、自分のなかに「4つの窓」をもつ、という考え方をします（図3-1参照）。

図3-1　ジョハリの窓

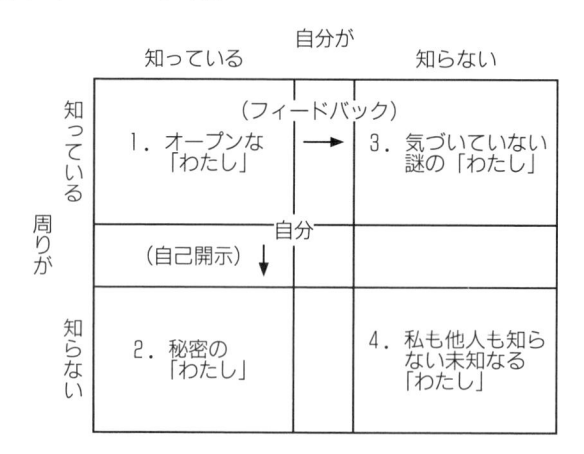

|  | 自分が知っている | 自分が知らない |
|---|---|---|
| 周りが知っている | 1．オープンな「わたし」 →（フィードバック） | 3．気づいていない謎の「わたし」 |
| 周りが知らない | 2．秘密の「わたし」 ↓（自己開示） | 4．私も他人も知らない未知なる「わたし」 |

　1つ目の窓は、自分も周り（他人）も知っている"オープンな（開かれた）「わたし」"（open self）というものです。

(注2)
ジョゼフ・ルフト（Joseph Luft）とハリー・インガム（Harry Ingham）という2人の心理学者が考案した「対人関係における気づきのグラフモデル」が、2人の名前をとって組み合わせ、「ジョハリの窓」と呼ばれるようになった。

この窓は、自分についての情報が相手や周囲と共有されていて、「公になっているわたし」ともいうものです。いわば自分を防衛する必要もなく「あけっぴろげ」していると考えればよいかと思います。

　2つ目の窓は、自分は知っているのですが周りは知らない〝秘密の「わたし」〟（hideen self）というものです。「プライベートなわたし」といってもいいかもしれません。私としては避けて通りたいので他人には知らせたくないと思って隠していることがある場合や、あるいは意図的にしろそうでないにしろ、私はわかっていても他の人には知らせていないような触れたくないことがある場合が、この窓のわたしといえるでしょう。

　3つ目の窓は、自分は知らないのですが周りは知っている〝気づいていない「わたし」〟（blind self）です。たとえば、自分の性癖や行動を自分はまったく気づいていないけれど相手からよく見えていて知られている状態のことをいいます。

　4つ目の窓は、自分も周りも知らない〝未知なる「わたし」〟（unknown self）です。これはたとえば、自分も周囲もいまだに気づいていないような自分に潜んでいる能力であったり、無意識層のなかに眠っているものでしょう。

　諏訪さんという人は、これら4つの窓の自分のうち、深いレベルでの人間関係を実現するのは、「自分も周りも知っている自分」（オープンな「わたし」の窓）だと論じています（注3）。「自分も周りも知っている自分（オープンな「わたし」）」を拡大することが、人間関係の改善へとつながる、というのです。そして、その他の3つの自分は、表面的な浅いレベルでしか人間関係を築けず、さまざまな誤解やトラブルを生んだりもする、といっています。

　ここで諏訪さんは、オープンなわたしの窓を広げるために必要な方法を2つあげています。そのひとつは、周りの人が

（注3）
諏訪茂樹『援助者のためのコミュニケーションと人間関係』建帛社、1995年、166-167頁。

知っている自分について周りから教えてもらう方法であり、「**フィードバック（feedback）**」といわれます。たとえば、自分では気づかなかった癖や言動について周りから指摘されることで気づかされることは、だれでもあるでしょう。もうひとつは、自分が知っている自分について、周りの人に教える方法であり、これは「**自己開示**」といわれるものです。

この「自己開示（self-disclosure）」というのは、「自分がどんな人物であり、今何を考え、何を感じ、何を悩み、何を夢みているか、といったことを相手に伝えること」(注4)です。とくに、「自己開示」という語に込められている意味として、「自分にはわかっているが、相手には隠しているか、または隠れているわたしについての情報を提供すること」にあります。前述したサトラレは、ある意味で「完全に自己開示させられている人」であるといえます。

諏訪さんによれば、フィードバックと自己開示の両方を行えば、より効果的にオープンなわたしの窓を広げられる、といいます。しかしながら、完全に自己開示しきってしまうとどうなるのか、ということが描かれているサトラレという思考実験的な物語をみるかぎり、サトラレのようにすべて自己開示しきって（させられて）しまうことは豊かな対人関係を生み出すとはとても思えません。確かに、フィードバックや自己開示によって、オープンな「わたし」の窓が広がり、またそれによって対人関係を深められるのかもしれません。しかし、オープンな「わたし」の窓が広がりすぎても、相手はもちろん自分でさえをも傷つけてしまったり、対人関係においてトラブルを生じてしまったりする場合もあることを、サトラレの物語は教えてくれているような気がするのです。

## 3．人はすべて自己開示することはできない

「サトラレ」という自分の考えていることが声に出してい

(注4)
榎本博明『自己開示の心理学的研究』北大路書房、1997年。

榎本によると、自己開示の機能として、①相互理解（自己開示しあう関わりのなかで、互いの経験を共有することにより、相互理解が進む）、②親密化（自己開示するという行為には、相手を信頼していることのあかしといった側面もあり、自己開示しあう関わりのなかで、親密な雰囲気が醸しだされていく）、③自己洞察（自分自身の内的経験や過去経験を振り返りつつ言語化し、そうして行われた自己開示に対する相手の反応を踏まえて、再びみずからの経験を振り返りつつ言語化する、といったことを繰り返すことにより、自己への洞察が深まる）、④カタルシス（こみあげてくる感情やため込んだ感情を吐き出したり、なかなか話すことができずにいた思いや経験を語ることで、気持ちがスッキリする）、⑤不安低減（自己開示しあう関わりのなかで、自

ないのに全部まわりの人につつぬけに知られてしまう、頭のなかをのぞかれてしまう存在は、物語上の架空の者にしかすぎません。ですが、このサトラレとその周囲の人たちをめぐる人間ドラマを通じて、サトラレと呼ばれる人たちが存在したとしたら、一体どういうことが起きるだろうか、といういわば思考実験的な物語の設定によって、私たちはさまざまなことを教えられます。

　自分の苦悩などを相手と共有できるような、おおらかに「自己開示」できる時や場は人間のコミュニケーションにとって確かに必要なことではあります。ですが、サトラレのように自己開示しきってしまうことは、人を精神的混乱におとしいれてしまいます。サトラレの物語を見ずとも、私たちの日常生活を見つめ直してみれば、うそをついたり、事実を隠したり、自分をよくみせようととりつくろったり、ごまかしたり（パッシング：106頁参照）していることが少なくないことに気づくことでしょう。このようにコミュニケーションは、ある意味で「戦略的な」ものでもあり(注5)、ある程度はパッシングすることが、対人関係やコミュニケーションをある意味円滑に行ううえではどうしても生じてしまうことがあることを押さえておかねばならないのではないか、と私はサトラレという物語から思ってしまうのです。つまり、このサトラレや自己開示ということから考えると、とりつくろいやごまかしと言ってしまうと何となくよくない行為のように思ってしまいがちな**パッシング**という行為も、対人関係を円滑にするのに必要なことでもあるのだと思います。

## Ⅱ　社会学におけるコミュニケーションの〈ものの見方〉

### 1．他者をすべて理解できるわけではない—「他者性」

　すべて自己開示することはできない、ということからは、

他の経験を比較照合し、自分だけが特殊なのではない、他の人も同じような経験をしているということを確認することにより、不安が低減し、気分が落ち着く）、といったものをあげている。

(注5)
アメリカの社会学者アーヴィング・ゴッフマン（Erving Goffman 1922〜1982年）は、コミュニケーションにおける「戦略的な」側面について、とくに日常の相互行為の演技的・演出的な面について詳細な分析を行った。主な著書に、『行為と演技―日常生活における自己呈示』、『儀礼としての相互行為―対面行動の社会学』など。

ひるがえって考えてみると、「他者のことをすべて理解できるわけではない」ということがいえるのではないでしょうか。それはすなわち、人間とはそもそも「他人のことを完ぺきにすべてを理解できるわけではない」ことが前提となっているともいえるでしょう。この考え方は、「他者性」という社会学的なものの見方からもいえます。この「他者性」というのは、「他者」という存在に対する〈ものの見方〉を示しています。すなわち、他者性とは、自分にとってとらえつくすことができず、ときには自分の存在を脅かす対象である、ということです。ここでいう「他者」とは自分以外の人間すべて、親や兄弟といった家族や友人も含まれています。さらに「自分における他者性」ということもいえるので、自分のことも他者性に含まれます。さきほどのジョハリの窓でもそうでしたが、よく「自分のことがわからない」というように、私たちは自分自身のことも完ぺきにわかりつくしているわけではありません。

　すなわち、人と人とのコミュニケーションは、相手のことはもちろんのこと、自分のことでさえも完ぺきには理解しつくすことはできない人と人とがあいまみえることが前提となるといえます。私たちはえてして、相手のことをすべて理解しようというのがコミュニケーションの理想であると考えてしまいがちです。ですが、サトラレの物語でもみたように、究極的に「わたし」と「あなた」を限りなく「自明」な（自己開示しあう、フィードバックしあう、もしくはサトラレしあう）ものにして関係をとりむすぼうとするような、そうした対人関係は現実には存在しないし、かえって自分や他者を危険にさらしてしまうことになるのです。

　私たちは、相手のことをまったく知らない赤の他人に対しては「他者性」を感じることができると思います。ただ、家族や友人など親密な他者に対しては「他者性」を感じる人は

少ないかもしれません。しかし、親密な家族や友人に限って「なんでこんなこともわかってくれないの？」と苛立ちを感じたり、かえって関係がこじれていくような体験はないでしょうか。これは、そもそも親密な家族や友人であったとしても、そのなかにある「他者性」というものを認識しようとしないことからくるものではないでしょうか。

## ２．コミュニケーションの決め手は受け手にある!?

それでは、他者とはどう理解しあえばいいの？　どうコミュニケーションすればいいの？　という疑問が生じるかもしれません。ここで社会学の〈ものの見方〉は、コミュニケーションについてさらにどう論じているでしょうか。一般的に、コミュニケーションというと、情報を伝達しあうことを思い浮かべます。また、コミュニケーションの決め手となるのは、情報の内容を伝達する送り手の側にある、というふうに考えるのが一般的であろうと思います。

ところが、社会学の〈ものの見方〉は、コミュニケーションというものをそのような捉え方で考えません。ジョージ・H.ミード(注6)という社会学者が残している講義録『精神・自我・社会』(注7)には、そもそも人間のコミュニケーションはどのようにして成り立つのか、ということを根本的にとらえ直す視点が示されています。そのミードの論によると、コミュニケーションの意味の決め手となるのは、送り手の側ではなく、受け手の側にあるというのです。たとえば、コミュニケーションの送り手が、相手に向かって拳を上にふりかざす「身ぶり」をしてみせたとします。その場合、送り手側の意図としては、相手に対する「威嚇」の意味で受け手に示したつもりでも、受け手がそれを「威嚇」の意味ととってくれなければ送り手側が発したコミュニケーションは成り立たないことになるのです。

(注6)
George Herbert Mead 1863〜1931年。アメリカ人。社会心理学者、哲学者。プラグマティズム（社会的行動主義）の第一人者で、その立場から、コミュニケーションと社会的な自我について、「Ⅰ（主我）」と「ｍｅ（客我）」といった概念を用いて根源的な考察を行った。また、シンボルを媒介にして人と人との主体的な相互行為から「意味」が生成される、その「意味」の解釈における相互行為の過程に焦点をあてて分析する「シンボリック相互作用論」にも多大な影響を与えた。

(注7)
G. H. ミード『精神・自我・社会』人間の科学社、1995年。

人間のコミュニケーションでは、表情のような「身ぶり」だけではなく、「言語」という「**有声身ぶり**」というものを用いるので、自分の発した「コトバ（有声身ぶり）」は相手に聞こえているだけではなく自分自身の耳からも聞こえていることになります。それはまた、他者の反応を自分のなかに取り入れることができるということにつながります。この「コトバ（有声身ぶり）」によって、人間のコミュニケーションは、相手が出すであろう反応を同時に自分自身のなかにも思い描いているのです。つまり、人の言動は総じて、相手がこう言えばこう応じるだろうということを想定して発話し行動をしているといえるでしょう。コミュニケーションの意味を決める決め手となるのは受け手の側の反応にある、というのは、ある種常識とは異なるものの見方ではありますが、そもそもコミュニケーションとはどういうことをいうのかをこのようにつきつめて考えると、ミードの主張は的を射ているといえるでしょう。

　今いったことは、ミードの「**他者の態度と役割の取得**」という考え方にもつながっていきます。たとえば、私の娘は２歳前後の頃にはファミレスに行くと、店員さんの「いらっしゃいませー、ご注文はお決まりですか」というコトバをオウム返しのように「いらっしゃーませー、ごちゅもんはおきまりでっかー」とマネをして言っていました。どうやらその音自体が面白かったようで、音自体で遊んで何回も繰り返して言っていました。そのうち、店員さんの「ご注文はお決まりですか」というコトバが、それまで娘のなかでは意味のないシンボルだったのが、お客から注文をとる「反応を得るコトバ（有声身ぶり）」であるという「**有意味なシンボル**」を学んだらしく、３歳になった今では、ひとりで店員さん役をして「いらっしゃーませー、ごちゅもんはおきまりでっかー」と言えば、お客の役もこなして「ハンバーグくださいー」と

言い、また店員さん役に戻って「かしこまったー（かしこまりました）」とファミレスごっこ遊びをするようになりました。

　娘は、店員さんとお客さんという「他者の態度と役割を取得」したのですが、店員さんのコトバだけで店員さん（という他者）の態度（お客さんから注文をとること）を取得できたのではなく、お客さんの反応（メニューから食べたいものを選んで注文すること）を見てはじめてできたことだと考えられます。すなわち、娘も店員さんとお客さんとのコミュニケーションの意味を受け手であるお客さんの反応（お客さんという他者の態度と役割の取得）から学んだことになります。

　こうしてみると、コミュニケーションというのは、情報発信者の意図によって成り立つのではなく、情報を受け取る側の反応が決め手となるものであることがわかります。それはすなわち、コミュニケーションとは、ただたんに情報の内容について伝達しあうのではなく、「有意味なシンボル」を介した相互のやりとり（相互行為）でもあるということがいえると思います。

## 3.「一般的なカテゴリー」での理解、コミュニケーション

　ここで先ほどの「他者とはどう理解しあえばいいの？　どうコミュニケーションすればいいの？」という疑問に対して、社会学の〈ものの見方〉が示せることは次のようなものです。人はそもそも他者について、「完ぺきに理解することはできない」ことが前提となっているのであるなら、人と人との関係は、多かれ少なかれ「一般化されたカテゴリー」あるいは**「一般化された他者」**において他者を理解することが前提になっているというものです。

　ミードによれば、母親や父親といった「重要な他者」だけではなく、「一般化された他者」の態度や役割を取得するこ

とでコミュニケーションは成り立つといいます。人と人とが関係をとりむすぶことには、多かれ少なかれ「一般化されたカテゴリー」において他者を理解することが前提になっています。たとえば、「ファミレスの店員さん」、「お客さん」という「一般化されたカテゴリー」が自分のなかに取り込まれることによって、店員さんとお客さんのコミュニケーションが成り立つということです。私たちはコミュニケーションに「あるがままのその人そのもの」を理解したいという理想を抱いてしまいがちですが、父親、母親、店員さんとお客さん、先生と生徒といった「社会的役割」ともいえる「一般化されたカテゴリー」に照らして他者を理解しないと、コミュニケーションをはじめ社会における関係も成り立たないといえるでしょう。

### 4．人格の固有性―人それぞれに固有の「顔」があること

ただ、そう言い切ってしまうと、人というのは「一般的なカテゴリー」というラベルをはった、役割の束にすぎないのか、その役割のなかでしか生きられないマリオネットにすぎないのか、という疑問も生じてくることでしょう。ジンメル（注8）という社会学者は、人と人とは、互いに何らかの社会的役割という一般的なカテゴリーを通じてコミュニケーションを行うのが前提であることを主張しながらも、人はそうしたカテゴリーに還元しつくしてとらえることもできない存在であって、人それぞれに「顔」があることの重要さも指摘しています。それはすなわち、人と人とは、役割の束以上の性質、つまり、とりかえがたい、かけがえのない固有の「人格」を有するものとして互いに認めあっていて、そうした「人格」を認めあう関係が成り立つことによって社会は可能になると論じています（注9）。

私がまだ学生だった時、ある特養で「ボランティア」とい

（注8）
Georg Sinmerl
1858〜1918年。ドイツ人。社会学者、哲学者。形式社会学の祖といわれる。彼の思想は、アメリカの社会学のシカゴ学派、シンボリック相互作用論に多大な影響を与えた。主な著書に、『貨幣の哲学』、『社会学の根本問題―個人と社会』、『生の哲学』など。

（注9）
ジンメル『社会学』上・下巻（居安正訳）、白水社、1994年。

う名のフィールドワークをしていました。その時、そこの入居者であかねさん（仮名）という人がいました。そのあかねさんが、ある時、私の脇に寄ってきて、「家に帰りたいが、お金がない」とこぼしはじめました。私はその時、職員の人が認知症の人にしていた〈受け応え方〉を思い出しました。そこで、「今日はここにお泊まりになってください。お金も私がお預かりしていますよ」と応えました。しかし、あかねさんは私の言葉で落ち着く様子をみせず、「家に帰りたいが、お金がない」と不安と焦燥感に満ちた表情で顔をこわばらせて私にさらに訴えてきました。

　認知症の人のなかには、これで落ち着く場合が多いとよくいわれ、職員の人たちがやっているのを見よう見まねで覚えた〈受け応え方〉を用いてみたのですが、「効き目」はありませんでした。これまで入居者とこうしたコミュニケーションをとってきて感じてきた当時の私の「ホンネ」としては、これだけの受け応えでは、すぐには入居者は落ち着かず、しばらくは同じ言動（この場合では「家に帰りたいがお金がない」）を繰り返す場合が多かったのです。

　そこで私は、側にあったソファーに一緒に座ってよくよく聞いてみると、「（銭湯の）番台にお金を預けた」と話しはじめたのです。さらに聞いてみると、「銭湯に行ってそこの番台さんにお金を預けた」のだけれど、どこの番台さんだったか（すなわちどこの銭湯だったか）わからなくなったらしいのです。昔はあちこちに銭湯があったのでしょう。どこら辺の銭湯だったか私はあかねさんに聞いてみると、「渋谷」という地名が出てきました。あかねさんは「おかげで、お土産とかの買い物もすませられないし、電車に乗って帰れなくなってしまった」と嘆いていました。

　ここで、「お金は私がお預かりしていますよ。今日はここにお泊まりになってください」という私の受け応えが、あか

ねさんにとってはいかに的を射ないものだったかがわかって私は恥ずかしい気持ちでいっぱいになりました。彼女は、お金を「番頭さん」に預けていたのであって、「私」に預けていたわけではないのです。だから、あかねさんは私の受け応えに聞く耳をもつわけはないのです。

　当時の私は、いわば〈固有の人格〉をもつ「あかねさん」として見ていたのではなく、〈一般化されたカテゴリー〉である「認知症の人」として見ていたといえなくもありません。人は、たとえば「あの人は学校の先生だ」、「あそこに住んでいる人は外人だ」というように、相手を一般化されたカテゴリー（「先生」あるいは「外人」）で類別し認識します。前述したようにこれはある意味、コミュニケーションの前提であるといえます。そうした類型をした上で相手とやりとりするとスムーズにいく面があることは確かです。でもそれが過ぎてしまい、「認知症の人」という一般化されたカテゴリーでしか見なくなると、相手を別な、さまざまな〝顔〟—「人格の固有性」—をもつ者であることに気づこうとしなくなります。

　「家に帰りたいけどお金がない」という言葉は、銭湯の番台さんにお金を預けたのだけれど、どの番台さんだったかわからなくなった（だからお金がないし家に帰れない）という〈あかねさんならではの文脈〉があってこその言葉であったのに、私はそこをすっ飛ばして、「家に帰りたいけどお金がない」という〈認知症の人の言動〉にはこう切り返せばいいのだろう、というような「お金は私がお預かりしてます。今日はここでお泊まりになってください」と「一問一答式」あるいは「マニュアル」的な受け応えをしてしまいました。それが「認知症の人には何を言ってもわからないだろう」と見かぎってしまうことからくる、その場をやりすごすための嘘やだましになっていることを、あかねさん自身から突きつけ

られたのです。

## 終わりに

　自分のすべてをわかってほしい。相手のすべてをわかりつくしたい。人はそんな理想や欲望にさらされます。人と人とが互いに合意や了解を目指して言葉を交わすことが、コミュニケーションの重要な面であることも確かです。でも、サトリやサトラレの物語で取り上げたように、自分や他者の思いや考えはそのまま完全に伝わり理解しあえることは原理的に無理ですし、それが可能になると人間関係や社会が成り立たなくなる面もある、そういう認識に立ってコミュニケーションをとらえることの重要性がこの章を通じて理解できたでしょうか。

　また、コミュニケーションの場合には、「伝わる」といったたんに情報が伝達されるだけでなく、それを通じて「わかちもつ」という意味が含まれています。つまりそれは、たとえすでに親密な家族や友人であっても、互いをはじめからありのままにわかりあっている存在ではない－「他者性」の存在である－からこそ、少しでも「わかちもつ」必要があるといえます。少しでも「わかちもつ」ことができたと感じられる喜び。これこそがコミュニケーションの出発点であるといえるのではないでしょうか。

### さらに勉強したいひとのために
阿部潔『日常のなかのコミュニケーション』北樹出版，2000年．
井上俊，船津衛編著『自己と他者の社会学』有斐閣アルマ，有斐閣，2005年．
船津衛『コミュニケーション・入門－心の中からインターネットまで－』有斐閣アルマ，有斐閣，1996年．

# 第4章

## その人らしいということ
### ―アイデンティティ―

出口泰靖

　この章では、「アイデンティティ」について考えていきたいと思います。「アイデンティティ」というのは、この章の題名にもありますように「その人らしさ」、「自分らしさ」、「わたしがわたしであること」といったことです。その人らしさ、自分らしさ、わたしがわたしであることっていったい何なのでしょう？　どういうことをいうのでしょうか？　また、介助、介護、援助、支援の場で、「病いや障害があってもその人らしさを保てるような生活や暮らし」を、と言われますが、この場合の「その人らしさ」っていったい何なのでしょう。

　そこで、この章では、まず、「アイデンティティ」に関して社会学という学問がどういうものの見方を提示しているのか確認してみたいと思います。次に、こうした「アイデンティティ」というものを、「認知症」をもって生き、暮らさなければばならなくなった人たちを通じて考えていきたいと思います。

## I　アイデンティティにおける2つの基本要件

　「アイデンティティ」とは「自己同一性」と日本語で訳される場合が多いみたいです。ですが、この章では「自己の存在証明」という方がしっくりくるので、この語を多用するかと思います。さて「アイデンティティ」という概念を提唱したエリクソン(注1)という人は、アイデンティティにおける2つの基本要件を提示しています(注2)。

(注1)
E. H. Erikson
1902～1994年。アメリカ人。発達心理学者、精神分析学者。アイデンティティという概念を提唱した人物として知られる。その他、モラトリアムについての考察でも大きな反響をよんだ。主な著書に、『自我同一性』、『幼児期と社会（第二版）』1・2、『ライフサイクル―その完結』など。

(注2)
E. H. エリクソン『自我同一性』誠信書房、1973年.

その1つは、「自己の内的な一貫性の感覚」というものです。これは、「昨日の自分も今日の自分も、一貫して自分である」という、心の中で一貫して続いているものがあるという感覚といっていいでしょう。なんだ、昨日の自分も今日の自分も、同じ自分であって変わるわけないじゃない、と当たり前であるかのように思う人がほとんどでしょう。しかし、はたして、「昨日の自分」と「今日の自分」は、1本の線のように揺らぐことなく一貫して続くものなのでしょうか。

　今日の自分は、昨日の自分とは心身の状態が異なっている状況にあるかもしれない進行性の病いや障害をもって生きている人に言わせると、そんな一貫性なんて幻想にすぎない、なんて言うかもしれません。「今がいつで、ここがどこで、周りにいる人たちが誰か」あいまいでおぼろげになっているかもしれない「認知症」の人たちも、「昨日の自分」と「今日の自分」との一貫性を保つことが難しくなっている人たちなのではないでしょうか。

　そういう意味で、「アイデンティティ」の基本要件の1つである「自己の内的な一貫性の感覚」は、自己の存在が証明できるためには自分の感覚のなかで一貫しているものがあることが必要であるということと、たとえ認知症であろうがなかろうが、だれもがたえず曖昧かつおぼろげになり危機におちいりやすいものであること、だからこそ認知症の人に対しての支援には、アイデンティティの視点からの支援－認知症の人が「自己の内的な一貫性」が揺らいでいくような認知症という障害をもちながらも何とか内的な一貫性の感覚をもって暮らしていけるにはどうすればいいのか－を、考えていく必要があるように思うのです。

　それじゃあ、私たちはどうしたら「私は自分の内的な一貫性の感覚をもっている」と思えるようになるのでしょうか。そう思えるようになる必要不可欠な条件というものが、エリ

クソンが「アイデンティティ（自己の存在証明）」における
もう１つの基本要件として出した「自分と他者がある本質的
な部分を共有しているという感覚」だと思います。

　自己の存在が証明できるためには、「自己の内的な一貫性
の感覚」が必要です。ですが、この感覚はその前に、自分の
なかの「本質的なもの－自分にとって大切なもの／ことなん
だ、とか、これ抜き（ポジティブなものであれネガティブな
ものであれ）には自分というのは成り立たない（語れない）
というもの－」をほかのひとと、わかちあっているという感
覚が必要不可欠なようです。それが、「自分と他者がある本
質的な部分を共有しているという感覚」です。

　この感覚は「つながりの感覚」ともいえるものでしょう。
齋藤孝(注3)という教育学者は、自分の本質的なものが含ま
れた自分の世界がほかのひとと、わかちあっていく、つなが
っていくためには、自分の世界と相手の（周囲の環境）世界
を「すりあわせる」必要があるといいます。自分の内部に閉
じこめるのではなく、自分の世界と他者の世界を「すりあわ
せ」、その「すりあわせ」から自他の存在証明を豊かにして
いく対話を作っていく。そうした「すりあわせること」から
アイデンティティが確立していくのだ、と言うのです(注4)。

　たとえば、いきなりここで私が自分自身の感覚のなかで内
的な一貫性をもって「私は征夷大将軍である！」と自信をも
って宣言しても、その私の世界を周囲のだれもがすりあわせ
ようとしてくれなければ、一瞬のうちに「私は征夷大将軍
だ！」という私の世界は崩れ去っていってしまうでしょう。
まあ、これは極端な例なのですが。またたとえば、認知症に
なると、「もう、おじいちゃん、何回も同じこと言わないで」
とか「おとなしくじっとしてちょうだい」と家族や周囲に言
われ、すりあわせてくれる人が、すりあわせる場面がグッと
減ってしまうのではないでしょうか。こうしてみると、認知

(注3)
1960年生まれ。教育学者。身体論。主な著書に、『息の人間学』（世織書房、2003年）など。

(注4)
斉藤孝『子どもに伝えたい〈三つの力〉』NHKブックス、2001年、133〜142頁。

症の人は、第1の要件、第2の要件ともに揺らぎ、危機におちいっているといえるのかもしれません。

## Ⅱ　他者との相互行為によってアイデンティティはかたちづくられる

　ところで、私たちはふだん、まずはじめに「わたし（自分）というもの」が存在して、それから他者とまじわっていく、というふうに思っています。ですが、社会学の「ものの見方」は、そんな常識的なものの見方をとろうとしません。社会学では、他者とまじわっていく（相互行為）ことで、つまり他者との関係を築いていくことではじめて「わたし（自分）というもの」がかたちづくられていく、という「ものの見方」をとります。

　クーリー（注5）という人は、「鏡に映った自己」という概念を提示しました。この概念は、私たちはじかに自分の身体を見ることができない、鏡に映すことではじめて私の身体を見ることができる、それと同様に、他者と関わり「他者という鏡」に映る自分の姿を見ることで「わたし（自分）というもの」を知ることができる、というものです。

　また、所属や役割、性格や特技、そうしたもろもろの束が「自分らしさ」や「わたしがわたしであること」であるという言い方をしましたが、ミード（注6）という人は、そのなかで役割について取り上げ、「他者の役割と態度の取得」によって自分というものがかたちづくられていくと論じています（注7）。たとえば、子どもは幼少期において母親や父親といった家族（これをミードは「重要な他者」と言います）と関わり、彼らのやっていることをじーっとよく見ておままごとやごっこ遊びなどでマネをすることで、相手の役割や態度を学習し、取得していきます。そこから、自分はどう振るまったり行動すればいいのかについて、母親や父親の側にたって

(注5)
Charles Cooley 1864〜1929年。アメリカ人。社会学者。自己概念というのは他者という鏡に映し出された自分の姿によって形成されているという「鏡に映った自己（looking-glass self）」という概念を提示した。

(注6)
91頁（注6）参照。

(注7)
G. H. ミード『精神・自我・社会（復刻版）』青木書店、2005年。

考えることができるようになります。すなわち、「自分」や「わたし」ということが考えることができるようになっていくのは、母親や父親という他者の側にたつことではじめてできるのであり、それは母親や父親との他者との関わりやつながりから生まれてくるといえるでしょう(注8)。

このように、社会学では「自分というもの」をあらかじめ存在するものとしてみるのではなく、他者との関係から生じていくものだという考え方をするのです。先ほどあげたエリクソンのアイデンティティの第1の基本的要件「自己の内的な一貫性の感覚」と第2の基本的要件「自分と他者がある本質的な部分を共有しているという感覚」の両者は、アイデンティティを確立していくためには切り離せないものです。ですが、こうしてみると、アイデンティティには、まずは「自分らしさ」や「わたしがわたしであること」を認めてくれる他者が必要で、他者との関わりを通じてアイデンティティというのは生成し確立されていくものだということがいえます。

## Ⅲ 「所属」、「能力」、「関係」のアイデンティティ

石川准(注9)という社会学者は、アイデンティティには「所属」アイデンティティ、「能力」アイデンティティ、「関係」アイデンティティといった3つのタイプがあり、それらについて以下のように説明しています(注10)。

まず、「所属」アイデンティティというのは、自分の属する組織や共同体が何であるか、といったものであるといいます。その所属するものには、たとえば、家族であったり、会社や、学校、信仰する教団、国家や民族、性別などがあげられるでしょう。「所属」アイデンティティを自分の存在証明のよりどころとする人は、自分が所属するその組織や共同体そのものが自分自身のなにものでもない、という意識があるのかもしれません。たとえば、家族という所属が自分のアイ

(注8)
ミードはまた、母親や父親といった自分にとって特定な「重要な他者」だけでなく、教師や医師のような「一般化された他者」からも彼らの役割を取得していくことから生徒として患者としてどのように自我やアイデンティティを形成していくことについて論じている。この「他者の役割と態度の取得」については、この本の第3章でも説明しているので参照のこと。

(注9)
1956年生まれ。社会学者。逸脱論、差別論、エスニシティ論、障害学を専攻。主な著書に、『見えないものと見えるもの―社交とアシストの障害学』(医学書院、2004年)。

(注10)
石川准『アイデンティティ・ゲーム 存在証明の社会学』新評論、1992年。
石川准『人はなぜ認められたいのか』旬報社、1999年。

デンティティのよりどころであった人が、家族から離れて生活すると、いわゆる所属アイデンティティが揺らいで危機となり、ホームシックにかかったりするでしょう。

次に、**「能力」アイデンティティ**というのは、「わたし」が発揮できる能力・技術の一切であったり（わたしは英語がペラペラである、とか）、「人の身になって考えることができる」とか「曲がったことは大嫌い」とか「ユーモアがある」という「性格」や「気性」、そして、医者・看護師・介護福祉士という資格とか職業もこれに含めるといいます。「能力」アイデンティティを自分の存在証明のよりどころとする人は、自分の「能力」そのものが自分自身以外のなにものでもない、という意識があるのかもしれません。たとえば、プロのピアニストが自分の指を痛めてうまく弾けない状態になった場合、もう自分は終わった、と思うかもしれません。

そして、**「関係」アイデンティティ**というのは、結んでいる関係や担っている役割のことをいいます。たとえば、頼りにされている関係、必要とされている間柄、重要な役割、愛されている関係のことをいいます。これなども、たとえば夫婦という「関係」アイデンティティを自分の存在証明のよりどころとする夫が、妻と死別したことで自分の存在証明がなくなったかのように落ち込むようなことがあるかと思います。

この「所属」、「能力」、「関係」のアイデンティティの３つの側面には、いろいろなことを考えさせられます。たとえば、だれしも認知症になれば何らかの能力が失われはじめることでしょう。そうなると、「能力」アイデンティティによりどころを見出してきた人にとって、認知症になることは非常に苦痛なものとなるでしょう。能力が失われはじめると、それとともに今までの社会的地位（たとえば、会社の部長、町内会の会長）といった所属も剥奪されることをよぎなくされるでしょう。これまた同じように、「所属」アイデンティティ

によりどころを見出してきた人にとって、認知症になることは非常に喪失感にさいなまれるものであるでしょう。

また石川准は「関係」アイデンティティの喪失についても、こんなことを言っています。人は、かけがえのない他者を失うと生きる意欲や意味をなくしがちである、愛する愛されるという関係、必要とする必要とされるという関係の喪失や欠如は、生へのコミットメントを萎えさせる、そうしたときに辛い出来事が追い打ちをかけると、自殺によって孤独と問題に一挙にピリオドを打とうとする人も出てくる、自殺までいかないにしても、人との関係が切れたり、役割を失ったり、頼りにしてくれる人がいなくなったり、愛してくれる人が去ったりすると、私たちは自分の価値に自信が持てなくなり、深刻なアイデンティティの問題に直面する、と。

これなども、たとえば、自分の配偶者を亡くしたことにより、認知症ではないか？　と周囲がいぶかしむような不可解な行動をする人、認知症であることで家族から「もう無茶なことはしないで」と（それが家族の優しさからくるものであっても）今まで任されてきた家事などの日常生活での役割を奪われたりすることで、さらに認知症がすすんだりする人や、自分の居場所がなくなったと思い「ここは自分の家ではない」と言って荷物をまとめて家を出ようとする人など、この「関係」アイデンティティの喪失についての主張と相通ずるものがあるのかもしれません。

## Ⅳ　アイデンティティ・ゲーム

石川准のアイデンティティ論によれば、私たちは自分にとって望ましいアイデンティティを獲得し、望ましくないアイデンティティを返上しようと日夜あらゆる方法を駆使している、と言います。そして石川によれば、人は「自分がいかに価値のある人間であるか」、これを躍起になって証明したが

っている、人は「わたし」の価値を人や自分に対して証明せずにはいられない、そんな存在だと論じています。ただし、普段の私たちは日常生活のなかで「自己の存在を証明」していることを気にすることはありません。「自己の存在の証明」を気にしはじめたり、意識せざるをえなかったりするのは、まさにその「自己の存在の証明」が脅かされたり、危機になったりしたときであると思います。「所属」、「能力」、「関係」のアイデンティティでいうと、所属を失うとき、能力を失うとき、そして関係を失うとき、私たちはアイデンティティの問題に直面します。そんな時、人は価値を取り戻そうとして存在証明に向かおうとし、アイデンティティを操作しようとするというのです。

　石川は、人と人とのあいだのやりとり（相互行為）について詳細な考察を加えたゴッフマン(注11)という社会学者の論を援用して、存在証明、アイデンティティ操作には4つの方法があると言っています。その4つの方法とは、①「印象操作」（隠し見せかけること）、②「名誉挽回（補償努力）」、③「価値の奪い取り」、「差別」、④「価値の取戻し」、「開き直り」、「解放」といったものです。

　まず、ひとつ目の「印象操作」は、「自分が価値ある存在」であるように見せようとする、また見せかけるやり方で、価値を下げるものを隠すことをいいます。たとえば、いまだ同性愛者に対する偏見や差別が根強い現在の社会では、同性愛者の人たちは、近隣の人びとや職場の同僚にはもちろん、家族や親しい人にできえ、自分が同性愛者であることを偽り、異性愛者であるように装い振る舞っているといいます。

　次に、2つ目の「名誉挽回（補償努力）」は、否定的な評価を受けてしまった人が別の分野でそれを取り戻す、プラスマイナスをゼロに持っていく方法です。この存在証明の方法には、マイナスをプラスで埋め合わせる「補償努力」も含め

(注11)
Erving Goffman 1922～1982年。アメリカ人。社会学者。コミュニケーションにおける「戦略的な」側面について、とくに日常の相互行為の演技的・演出的な面について詳細な分析を行った。主な著書に、『行為と演技―日常生活における自己呈示』、『儀礼としての相互行為―対面行動の社会学』など。

ます。たとえば、「勉強はできないがスポーツなら得意だ」とか「性格は悪いが仕事はできる」というように、否定を肯定で補うことで汚名を返上しようとする努力を指します。

　3つ目の「価値の奪い取り」というのは、いじめや差別のように、他者から価値を奪うということによって、自分の価値を手っ取り早く守るようなことを指します。逆に「他者の価値を手放しで絶賛する」というのも、自分の価値を守る方法として有効だと石川は言います。「あんな素晴らしい人に負けたんだから、当たり前ではないか」というふうに自分を納得させたり、「あの人は特別だよ」と自分と地つづきであることを意図的に断つことで自分の価値を守ることができる、というのです。

　4つ目の「価値の取り戻し」というのは、「自分が信じている価値観や物差しを変更する」というやり方です。たとえば、黒人や同性愛者を差別する社会に対して、"Black is beautiful！"や"Gay is the way！"と言うことで、これまでマイナスとされてきた自分の社会的アイデンティティの価値をプラスへと反転させることで自分の価値を取り戻そうとするのです。そのことによって自分の尊厳とか誇りとかを守ることが可能になります。いわば、「価値を作り替える」、「文化を変える」ともいえます。

　石川によれば、こうして私たちは、「所属」や「能力」や「関係」といったアイデンティティにすがり、それらを失いそうになったり危機におちいったりすると、あらゆる方法を駆使し、存在価値の証明を求め、求められるといったせめぎ合い―これを石川は「**アイデンティティ・ゲーム**」と言っています―を社会のなかで行っていきます。

## V　アイデンティティ操作のひとつ「パッシング」

　ここで、存在証明の操作のひとつである印象操作のなかで、

ゴッフマンが『スティグマの社会学』(注12)という本で詳細に述べていた「パッシング」について取り上げようと思います。「**パッシング**」は、ゴッフマンが「信頼を損なうような事情を隠すこと」という定義で、用いているものです。

　私があるグループホームで、住み込みでフィールドワークさせてもらっていた時に出会った久坂さん（仮名）という人がいました。彼女は、毎朝、朝食時にボンヤリしながら食卓に座ってこうつぶやくのです。「どうやってここにいて、どうしてここにいるのか。病気でも何でもないのに。わたし、今のお勤め好きなのに」。ある朝もいつものつぶやきを発した後、「わたし、ちゃんとお勤めしてたのよ」と言いました。その直後、ボランティアとして来ていた松野さん（仮名）が「どこで？」とフトなにげなく久坂さんに聞いたのです。すると、久坂さん、しばしハタと考えているような、それと同時に凍りつくような（と私にはたんにそう見えただけなのかもしれませんが）表情になったのです。その間、少し間（ま）が生じました。そして、「あなたに話すまでもないわ、そんなこと！」といきなり声を荒げて怒りながら叫んだのです。

　久坂さんは、なぜいきなり声を荒げて怒ったのでしょうか。もしかしたら、彼女は、不意に「どこで働いていたの？」と聞かれてすぐに働いていた場所を思い出すことができず、すぐに答えられず、それをごまかそうととっさの判断で「あなたに話すまでもない！」と怒ったのではないでしょうか。久坂さんのように記憶を逸した時、「認知症」とされる人のなかには「もの忘れ」をしていることが周囲や相手にばれないように、「パッシング―言葉を濁したり、取り繕ったり、話をすり替えたり、つじつま合わせをしたり―」する場合があるようです。

　私が久坂さんとの普段の日常会話からわかったことでは、このグループホームに来るまで長年生まれ育った下町で生活

(注12)
アーヴィング・ゴッフマン『スティグマの社会学』せりか書房、1970年。

第4章　その人らしいということ―アイデンティティー―

をしていたそうです。実家は「下駄屋（久坂さんの言葉によると）」で、20代で結婚する前はデパートでレジ打ちをして働いていたといいます。「自動車の修理屋（これも久坂さんの言）」に嫁いで、40代にご主人を亡くしてからも、「おかみさん」として店を切り盛りしていたそうです。しかし、子どもがみんな、独立してからは、ひとり暮らしをしていました。「どこかおかしい」とみられるようになったのは、こうした時期であったらしいのです。グループホームのスタッフの話によると、久坂さんはいわゆる「攻撃性」があってかなり激しく暴れたといいます。おかしいと近所から苦情があり、まもなく「入院」という運びになってしまいました。入院体験をしてから家を息子に任せてしまうと、久坂さんのプライドのひとつである「おかみさん」という役割を喪失してしまい、生活環境は大きく激変してしまったのではないでしょうか。

　久坂さんは自分のことを「怠け者」と言っていました。ですが、「どうして食べてんだか。寝てるだけなんて。わたし、ここでなにかやってるのからしら」と言って、社会で仕事をしてお金を稼いでいないことに不安を感じてもいました。このような「おかみさん」としての仕事や役割の喪失体験は、自分という存在（まさにアイデンティティ）の不安や喪失感を抱きやすいといいます。ましてや、「認知症」の人たちのなかには、「なにがなんだかわからない」と言う人もいるように、自分が自分でなくなっていくような、自らの心身の状態の変化からの自己存在喪失に対する不安やおびえもみられます。またそれだけではなく、彼ら自身に「認知症がある人」としてのレッテルを周囲の者から押しつけられるのではないかという不安やおびえもみられるといいます。

　すなわち、こうした状況に立たされた「認知症」とされる人自身は、周囲の人たちが自分を「呆けた」とみなさないよう、すなわちアイデンティティを保持するために言葉を濁し、

ごまかし、取り繕ったり、つじつまを合わせようとしたりするような、「パッシング」というさまざまな回避的な対処方法をとるのではないでしょうか。

## Ⅵ　認知症の語り部クリスティーンさんのアイデンティティ

　ここでさらに「認知症」となった人の生き方からアイデンティティについて具体的に考えていきたいと思います。近年、認知症のケアにおいて、「**パーソン・センタード・ケア**」といった認知症をもつ本人中心の、アプローチのケアが浸透しはじめています。そのケアについて考える場合、認知症をもつ人の気持ちや体験から学ぶことが必要になってきます。その動きのきっかけとなったのが、主に認知症初期の人たちや若年性認知症の人たちが、彼ら自身の気持ちや体験を公の場で語りはじめたことです。

　その人たちの語りを聞くと、その人たちひとりひとりの「その人らしさ」が失われていくような感覚にとらわれる、というアイデンティティの危機に見舞われることが切実な思いで伝わってきます。そのなかのひとりに、クリスティーン・ブライデンというオーストラリア在住の女性がいます。彼女は、「認知症」をもつ当事者として、自ら認知症であることを公表してその体験についてつづった本を書き、日本はもちろん世界各地で講演活動をし、認知症当事者同士のグループをつくって当事者活動をしています。

　クリスティーンさんは、1995年、46歳で認知症と診断されてから、認知症となったことをめぐって幾多のアイデンティティの危機ともいえるような体験をしてきました。まずは、認知症と診断を受ける前から、ときどきちょっと混乱したり、曲がり角を間違えるなどの「**能力アイデンティティ**」の危機や問題を体験するのですが、それは仕事のストレスで疲れて

いたせい、と自分の心のなかで言い聞かせてきました。また、ある時まで同時進行でできていた作業ができなくなったことのショックについても語っています。たとえば、鍋を調理器にかけ、洗濯物を洗濯機に入れ、その合間にアイロン掛けをするような同時に進行できた作業が、何かひとつのことをしている時に、ほかの用事をすっかり忘れてしまい、台所の方にいれば、アイロン掛けをしていたのを忘れて洋服をダメにしてしまい、洗濯物を干していると鍋に火をつけていたことを忘れてしまい、鍋を焦がしてしまうようになっていったと言います。

　この「能力」アイデンティティの危機は、人が認知症になり、今までできていたさまざまなことができないという経験と、そこからくる気持ちとそれへの対処に相通ずるものだと思います。私は、認知症の人たちのなかには、自分の失態をごまかし、自分の心身の状態がちょっと今までと違っていることを隠そうとして取り繕い、つじつま合わせをしたりするような「パッシング」という行為をする場合があるのでは、ということを述べましたが、それもまたこの「能力」アイデンティティの喪失や危機からからくる対処方法なのでしょう。

　さらにクリスティーンさんは、いわゆる「所属アイデンティティ」をも喪失させられる危機におりいります。オーストラリア政府の首相・内閣省第一次官補を退職する（退職をよぎなくされる）ことになったのです。その後、認知症と診断されたショックもあったのでしょう、家に２年間引きこもったそうです。彼女は認知症と診断されてから「認知症の人」となり「固有名詞」を失った、と語っています。

　しかしそこから彼女は、今までのアイデンティティを変えていく努力をしています。たとえば、「同時進行」の作業はできないけど、ひとつひとつの作業はできるといった、いわば存在証明の操作でいうところの「補償努力」を行っていま

す。さらに、家族や周囲の支えもあり、1998年に自らの認知症になったことによる体験をつづったそのなかで「Who will I be when I die？」という本を出版します(注13)。「その病気を恥ずかしく思うタブーを打ち破りたい」と自らが認知症であることを公表し、存在証明の操作でいうところの「価値の取り戻し」を行います。その後、1999年にはポール・ブライデンと再婚し、新しい夫の協力のもとで、世界各地で講演活動をし、さらに認知症にまつわるタブーを打ち破り、自らの生の尊厳を獲得しようとしていっています。それには夫で「ケア・パートナー」と称しているポールさんや娘さんたちや、彼女たちを支える友人の存在が大きいのであろうと思います。

(注13)
クリスティーン・ボーデン『私は誰になっていくの？ －アルツハイマー病者からみた世界－』クリエイツかもがわ、2003年 (Who Will I be When I Die? by Christine Boden, Harper Collins Publishers, 1998)。クリスティーン・ボーデン『私は私になっていくー痴呆とダンスをー』クリエイツかもがわ、2004年。

## Ⅶ　クリスティーンさんが考える「その人らしさ」

　クリスティーンさんは、日本のテレビでのインタビュー(NHKのクローズアップ現代というテレビ番組の「痴呆の人が語る心の世界」)で、自分が認知症と診断されてから、「人をその人らしくしているものは何だろう」と考えた話しています。まさにアイデンティティについて考え続けてきた、と言っていいと思います。そして彼女は、人は「できること」によってその人らしさを成り立たせているわけではないのではないか、と考えるようになった、と言っています。彼女は、そのインタビューのなかで次のように言葉を続けています。

　「私は夫のポールと結ばれ、娘たちと触れ合い、友人とつきあう、そうしたなかでの心の中の感情こそが大切なのです。私は今、庭の美しさを感じ、葉や木々の美しさを感じています。その感じる心こそがその人らしさを成り立たせているのではないでしょうか。人びとは過去を忘れないようにし、未来のことを知ろうとすることにとらわれがちです。私は過去

や未来がわからないことが喜びにみちていること、今この時を生きることに専念しています」。

　クリスティーンさんは、人は「できること」によってその人らしさ（＝アイデンティティ）を成り立たせているのではなく、人をその人らしくしているものは別にある、と言っています。夫のポールや娘たちと触れ合い、友人とつきあう、あるいは庭の葉や木々の美しさを感じる、そのなかでの心のなかの感情こそ、その感じる心こそがその人らしさを成り立たせている、という境地に達していました。クリスティーンのこの言葉には、たとえ能力が失われようとも、所属するものがなくなっていこうとも、夫のポールさんや3人の娘の家族などの周囲との関わりによるかぎり、関係のアイデンティティは残るんだ、というとらえ方をしているように思います。

　それはまた、アイデンティティの基本的要件のひとつである「自己の内的な一貫性の感覚」がうすらいでいるからこそ、もうひとつの基本要件である自己の世界と他者の世界を「すりあわせる」ことで補わせ、アイデンティティ（自己の存在証明）を豊かにしていくことができるんだ、と言っているようにも思えます。それはまさに、他者との相互行為によってはじめて自己というのはかたちづくられるという、社会学のものの見方と相通ずるものがあるといえます。

　さらにクリスティーンさんには、3人の娘さんや新たに夫になりケア・パートナーになったポールさんたちとの「関係」アイデンティティを基盤として、認知症当事者としての「語り部」として私たちに認知症になるとどういう体験をするのかを教えてくれるという「能力」アイデンティティが生まれています。また、アルツハイマー病協会の理事という新たな「所属」アイデンティティがもたらされています。今もなおたとえさまざまにできることが失われても、クリスティーンさんが言うところの「私は私になっていく」という新た

なアイデンティティを獲得する可能性を秘めているのです。

　人のアイデンティティというのは、えてして「ある能力にひいでることからそれに適した所属が与えられ、さまざまな関係が織りなしていく」そういう道筋のみ思い描きがちです。たとえば、人前で話す能力に秀でた（能力アイデンティティ）人が、大統領になって（所属アイデンティティ）、有名人との人脈ができていく（関係アイデンティティ）、といったストーリーなどがいい例でしょう。ですが、人のアイデンティティというのは、そうした道筋のみではないことを認知症とともに生きている人たちから教えられている気が私にはするのです。それは、関係の織りなしようから、他者との相互行為、すりあわせようから、認知症になっても（いやなったからこそ）能力や所属によりかかってきた今までのアイデンティティから開放され、新たなアイデンティティを獲得できることを教えられている気がするのです。それはまた、社会学のものの見方で示しているように、アイデンティティは、その人のなかに内在するものというよりは、他者とのすりあわせ（相互行為）から「自分らしさ」、「わたしがわたしであること」が生成され維持されているという社会的・関係的な存在であることを、認知症の人の体験からあらためて教えられていることでもあるのです。

さらに勉強したい人のために
G. H. ミード『精神・自我・社会』青木書店，2005年.
石川准『アイデンティティ・ゲーム　存在証明の社会学』新評論，1992年.
アーヴィング・ゴッフマン『スティグマの社会学　烙印を押されたアイデンティティ』せりか書房，1970年.

# 第5章

## 〈普通〉と〈普通じゃない〉ということ
―逸脱論―　　　　　　　　　　　下山久之

　私たちは、日常生活のなかで多くの場合、〈普通〉と〈普通じゃない〉ということを改めて意識することなく過ごしています。そして〈普通〉と思われることを至極当然のこととして、改めて問い直すまでもなく「世の中の基準」として通用しているように考えます。〈普通じゃない〉ということは、どちらかというと「基準外れで、あるべきではないこと」と捉えられるでしょう(注1)。しかし、この〈普通〉と〈普通じゃない〉ということの境界線は、それ程、明確なものではありません。時代の変化や文化の違いにより、この境界線は揺れ動きます。そして〈普通〉も〈普通じゃない〉ということも、そのこと自体が良し悪しという価値を持つのではなく、それを取り巻く社会のなかの「基準」に照らし合わせ、だれかが「それは普通じゃない」と判断したとき、〈普通じゃない〉こととして認定を受けることになります。この章では、普段は意識もしない〈普通〉と〈普通じゃない〉ということを、改めて一緒に考えていきましょう。

(注1)
〈普通じゃない〉ことには「優れていること」も含まれる。この章ではとくに〈普通じゃない〉ことの否定的側面について考察していく。

## I 「行為」自体は価値を持たない

　人を殺すというのは、明らかに違法行為であると考えられることでしょう。しかし、人道的な価値観による判断とは別にして、「人を殺す」ということが違法行為になるかどうかは、その時の社会的文脈によって決まります。つまり、ちょっと乱暴な言い方をすると「人を殺す」ということ自体には、「良い」、「悪い」の価値は含まれない、ということです。通

常の社会的状況で「人を殺す」とそれは違法行為とみなされるでしょう。しかし、戦争時に敵を前にして「人を殺すのが嫌でその場から逃げ出した」としたら、それは敵前逃亡として違法行為とみなされます。この社会的文脈では「敵である人を殺さなかった」ということの方が「悪」であり、「人を殺す」ことが「善」とみなされます。このように同じ「人を殺す」という行為でも、社会的文脈によってその意味は大きく異なります。同様に死刑囚を職業として「殺す」人も、その「人を殺す」という行為において、違法行為を行ったとみなされることはありません。その「行為」がなされた社会的文脈のなかで、その「行為」を解釈していくことが必要です。

「人を殺す」という程、極端な例ではなくても、さまざまな「行為」が社会的文脈のなかでまったく正反対の判断を下されるということがあります。飲酒は、日本では20歳以上の成人に認められていますが、イギリスでは16歳以上の人に認められています。もし、16歳以上の未成年の日本人がイギリスへ旅行に行ったとき、パブで飲酒してもイギリスにおいて「違法行為」として補導されることはないでしょう。しかし日本で未成年が飲酒した場合は、補導の対象となります。喫煙や飲酒は、国により認められる年齢が異なります。自動車の運転免許の所得についても、国により認められる年齢が異なります。同じ「喫煙」、「飲酒」などの行為は、それ自体に良し悪しという価値は持たず、その行為を規定するその社会の基準に照らし合わせ、価値判断されることになります。

## Ⅱ　社会規範とアノミー

このように見てくると成文化されている規範かどうかはともかく、社会的規範が〈普通〉と〈普通じゃない〉ということを識別する大きな鍵となっていることが分かるでしょう。社会的規範とは、法律などの成文化されているもの以外に、

その世の中の常識や慣習も含まれます。この社会的規範と照らし合わせ、〈普通〉と〈普通じゃない〉ということを分析した研究者にアメリカの社会学者であるロバート・マートン(注2)がいます。ここでは、マートンのアノミー論について見ていきましょう。

(注2)
62頁(注4)参照。

## 1．マートンのアノミー論

　社会的規範の揺れ動きや崩壊により、どのように行動したらよいのかの指針を失い、人びとの行動が混乱した結果として起こる混沌状態を**アノミー**といいます。社会的規範の強い社会では、このアノミー状態は起こりにくく、その強制力が弱まったときにアノミー状態になるとマートンは考えました。

　マートンは、社会的規範を「文化的目標」と「制度的規範」という2つの要素に分けて分析を行いました。その社会の多くのメンバーにとって重要な価値観とされ努力しそれを達成したいと考える目標を「文化的目標」といい、これを達成するための手段を規定するものを「制度的規範」といいます。

　「文化的目標」も「制度的規範」も内面化されている状態を「**同調**」といい、これはアノミー的傾向が見られない状態であるといえます。「文化的目標」は受け入れられているものの、それを達成するための「制度的規範」が内面化されていない状態を「**革新**」といいます。たとえば、富と権力を得ることが強調される社会において、その富と権力を得るために、制度的には禁止されているが効果の高い手段を用いる場合などがこれにあたります。これはアノミー的状態といえます。次に、「文化的目標」をめざす努力につきまとう困難や苦痛から逃れるために、目標自体を放棄するものの、慣例や「制度的規範」にはますます固執するような行動を「**儀礼主義**」といいます。これも一種のアノミー的状態です。「文化的目標」も「社会的目標」も内面化されていない状態には、

2つのタイプがあります。「文化的目標」も「制度的規範」も内面化されておらず、その両方を放棄するものとして「**逃避主義**」があります。これは、たとえばその社会のなかの最下層民、放浪者、麻薬中毒患者などの行動パターンに見られるものです。もうひとつの「文化的目標」も「制度的規範」も内面化されていないタイプは、現在、自分が属する社会構造から脱却して、まったく新しい社会構造を作り上げるために、その社会の支配的な文化的目標も制度的規範も拒否し、自らの価値観をもとに「目標」や「行動指針」を作り上げるというもので、これを「**反抗型**」といいます。組織的な革命運動などがこの反抗型になります。「逃避主義」も「反抗型」もアノミー的状態といえます。

　このマートンのアノミー論では、「同調」が〈普通〉であり、「革新」、「儀礼主義」、「逃避主義」、「反抗型」がアノミー的状態であり〈普通じゃない〉ということになります。その社会のなかで〈普通〉が崩れ行くときには、「文化的目標」がその社会の重要な価値観ではなくなってくるという側面と、「制度的規範」が規制力を持たなくなってくるという2つの側面がみられます。必ずしもかつての〈普通〉がよいとは限らず、社会が変化していくなかで新しい「文化的目標」が立てられ、そして新たな「制度的規範」が立ち上がってくる過程に見られるアノミー的状態ということもありえます。

　このマートンのアノミー論を参考に、現在の日本を見てみると、日本社会のなかには「同調」から「革新」、「儀礼主義」、「逃避主義」、「反抗型」に至るまですべての行動パターンが見られるのではないでしょうか。このなかでとくに注目に値するのは、日本のなかでは「儀礼主義」は決して珍しいことではなく、むしろ〈普通〉のことと見られるぐらい一般的な行動パターンであるということです。これは、日本が「文化的目標」を失いつつある社会となっているとみること

ができるのかもしれません。従来の「文化的目標」に代わる新しい「文化的目標」は立ち上がってくるのか、あるいは日本社会としてのひとつの「文化的目標」に縛られることをやめるということか。みなさんは、どのように考えますか。

## 2．デュルケームの自殺論

　アノミーという概念は、マートンが初めて提示したものではありません。その前に、フランスの社会学者であるエミール・デュルケーム(注3)が『社会的分業論』と『自殺論』という著作のなかでアノミーという言葉を使っています。『社会的分業論』のなかで使われるアノミーという概念と『自殺論』のなかで使われる概念に若干の違いがありますが、ここでは、『自殺論』のなかで説明されているアノミー的状態についてみていきます。

　人が自ら命を絶つ、という行為である「**自殺**」は、どの社会においても同じ程度に見られる社会現象ではありません。「自殺」は、社会病理的行為とみなされることが多く、やはり〈普通じゃない〉ことと考えられる傾向にあります。デュルケームは、個人の欲求とその充足手段との均衡を維持するメカニズムが崩壊した状態をアノミーと考えました。経済恐慌や急激な景気上昇など、社会的秩序の急激な変化によって生じる「急性アノミー」と、資本主義社会のなかにみられるあくなき利潤追求のような、欲望の慢性的無規制状態としての「慢性アノミー」の2つがあります。社会のなかの個人においても、欲求、感情のレベルにまであらわれてくる社会的規範の崩壊、動揺が見られ、肥大化し無限化した欲求がもたらす不満、焦燥、幻滅などの心理的経験が現代的な自殺である「**アノミー的自殺**」の原因となっていると説明しています。社会的規範である価値観や行動指針が個人のなかで内面化されないとき、アノミー的自殺は増えると考えられました。

(注3)
Émile Durkheim
1858〜1917年。フランス人。社会的事実を「事物のように」個人に外在化する対象として観察し、分析する必要性を説く。『社会分業論』、『自殺論』など著書多数。

このデュルケームの自殺論に対しては、考察が不十分であり、どの社会にも適応できるものではないという批判もなされていますが、それでも参考にすることは意味があるでしょう。2006年、現在、日本は数年間にわたり、毎年、年間3万人を超える自殺者を出しています。「自殺」という行為が増えている現在の日本社会の状況を、アノミー論を参考に考えてみる必要があるのかもしれません。

## Ⅲ　〈普通〉とは──同調
　これまでは、〈普通じゃない〉ということを中心にみてきました。ここでは、〈普通〉ということについて考えていきましょう。

### 1．〈普通〉は、〈普通じゃない〉ものが現れたとき明確となる
　多くの場合、〈普通〉ということは改めて意識することもないでしょう。「何が普通であるか」と質問されたら答えに窮してしまうのではないでしょうか。〈普通〉ということは、「そうではないこと」、つまり〈普通じゃない〉ということが現れたときに、より明確に理解しやすくなるといえそうです。とくに意識することもなく、毎日過ごしている日常生活のなかでいつもと違うことが起きたとき、その日常生活のなかの〈普通〉が改めて意識されることになります。

### 2．役割と同調
　〈普通〉ということを考えてみるときに、「役割」という概念が役立ちます。社会のなかの人びとは、そのなかでさまざまな位置を占めていますが、その社会的位置を「地位」といいます。この社会的な地位としては、流動的・匿名的な社会のなかでの、歩行者、ドライバー、見物人のようなものや、家族や学校、あるいは職場組織のような構造化の進んだ社会

システムにおける、夫、妻、親、子、あるいは教師、生徒、経営者、従業員のようなものもあります。この地位には自分の意思とは無関係にあらかじめ帰属させられる「帰属的地位」（例、親と子、兄弟姉妹など）と、任意の選択によって獲得する「獲得的地位」（例、夫と妻、医者と患者、教師と生徒、経営者と従業員など）があります。この社会システムにおけるそれぞれの地位にふさわしいものとして組織化された行動様式の体系のことを「**役割**」といいます。それぞれの「役割」には、社会からの期待が寄せられます。たとえば、教員であれば、「正しい人間観を持ち、平等に生徒に接すること」が期待されるかもしれません。このような役割に対する期待を「役割期待」といいます。役割期待を内面化し、その役割になっていくことを「役割獲得」といいます。この役割獲得が適切に行え、その役割にふさわしい存在になっていくことを「**同調**」といいます。この同調が適切に行えている場合、多くの人は、〈普通〉と感じます。たとえば、「子どもに優しく微笑みかける幼稚園の先生」は、多くの人が抱く「幼稚園の先生」の役割期待に合致しており、そのような幼稚園の先生は〈普通（の幼稚園の先生）〉ということになります。これとは逆に、「にこりともせずに子ども指示・命令する幼稚園の先生」は、多くの人が抱く「幼稚園の先生」の役割期待に合致せず、「変わっている先生」、つまり〈普通じゃない（幼稚園の先生）〉ということになります。人びとは、無意識のうちにそれぞれの「役割」に対する期待をしており、それが裏切られたとき、初めて「自分が何を期待していたのか」を自覚します。

　現在の社会では、一人の人間がひとつの「役割」をこなすということはありません。家に帰れば、子どもに対して「母親」であり、夫に対しては「妻」であり、職場では「教師」であり、実家に行けば「子ども」であり、カルチャーセンタ

一に行けば「生徒」であるというように、一人の人間が複数の役割をこなすのが一般的です。これらの役割を、それぞれの社会的文脈のなかで矛盾なく、こなすことができる人もいれば、そうでない人もいます。いくつかの役割が相互に矛盾する期待をもつこととなり、その役割セットのなかで個人が役割遂行する際に葛藤を起こすことがあります。このような葛藤を「役割葛藤」といいます。

　それぞれの人は器用に役割をこなすだけではなく、「役割葛藤」に陥ったり、ある役割期待に対し、答え切れない自分に対し自己嫌悪に陥ったりもすることでしょう。悩んだり、失敗したりしながら人びとは、それぞれの「役割」を身に付けていきます。そして、ある程度、その役割期待に答えることができるとき〈普通〉と認識され、違和感なく社会から受け入れられていきます。

### 3．過剰同調

　この役割期待に答え、その役割を身に付けていく過程のなかで、その人が担う主要な役割が、その個人の持つ人格にも大きく影響を与えていくことがあります。よく「教師」は、学校以外の場所に行っても「教師らしい振る舞い」をしているといわれます。単なるひとつの役割ではなくなり、いつしかその人の人格にまで影響を与えるほど、その役割が内面化されているときに、**過剰同調**が起きているといいます。現在の社会では、一人の人間が複数の役割を担うのが一般的であることはすでに述べた通りです。しかし、主要なひとつの役割が強く内面化されており、どこへ行ってもその役割から降りられず、その役割に伴う「思考法」に縛られてしまうことがあるようです。適度に役割に同調できているときは、〈普通〉とみなされますが、どこへいってもひとつの役割で押し通してしまうと、それはひとつの役割に対する過剰同調であ

り、〈普通じゃない〉こととみなされてしまいます。会社の社長を務める人が、町内会のボランティア活動に来ても、集まったみんなに「指示・命令」していては、〈普通じゃない（ボランティア）〉とみなされてしまいます。役割に対する距離が適切に図れずに、役割とその個人の人格が渾然一体となっていくという現象です。社会から「こうあるべき」という強い役割期待が寄せられる役割を担う人びとに、よく見られる現象といえます。

## Ⅳ 〈普通じゃない〉ということ—逸脱

〈普通じゃない〉ということは、社会的規範などの社会からの期待を裏切っている状態であると判断されていることを表します。この社会的規範などから逸れることを「**逸脱**」といいます。〈普通じゃない〉ということは、「逸脱している」という状態だけではなく、その状態を見て「逸脱している」と判断し認定する（あるいは告発する）存在があったときに顕在化します。つまり、「社会的規範」などの基準と「認定者」という2つの要素があったとき〈普通じゃない〉ことは誕生するのです。

### 1．社会的烙印—スティグマ

社会的規範などから外れたものに貼られる社会的烙印を**スティグマ**といいます。スティグマは目に見えるものではなく、社会的に為されるレッテル貼りのことです。このレッテルを貼られると、社会的に〈普通じゃない〉ものとして認定されることになります。

### 2．スティグマとなりやすいもの

スティグマとなりやすいものに「刑務所」に入ったという経歴や身体障害、精神病など数多くの社会的に好ましいとは

思われない事柄があります。たとえ、刑務所に入り、服役しその罪を償い終えたとしても、「務所帰り」というレッテルを貼られてしまうこととなります。また、本人が望んでその状態になったわけではない身体障害や精神病などもこのスティグマとなりやすいものです。かつてらい病として怖れられたハンセン病や、認知症などの病もスティグマの対象となりやすいものです。

### 3．スティグマを貼る人、貼られる人の間の力関係

　スティグマを貼る人と、貼られる人の関係は対等ではありません。スティグマを貼る人は、その社会的状況のなかでスティグマを貼るだけの「権力」を持っている状態にあります。

　精神的に不安定な状態を示す人に対し、「精神病者」というはっきりとした烙印を押すのは、精神科医です。精神科医に限らず、専門職は、その専門性をひとつの武器として多くのレッテル貼りを行ってきたという歴史があります。この専門性の持つ暴力については、フランスの精神科医で思想家であるミシェル・フーコー(注4)が論じています。介護福祉士も「物忘れをする高齢者」に対し、「認知症高齢者」としてのレッテル貼りをし、その人の示す「行動障害」を発見し、「問題高齢者」として「問題視」してきました。このように「何を問題とするか」、「問題かどうかを見極める」立場にあるのがレッテルを貼る側の人びとです。

　精神医学や介護福祉などの専門性は、そのサービスを利用する人に役立つものとなる可能性を持つと同時に、使い方を間違えるととてもひどい社会的暴力ともなりえます。専門性の持つ「権力」に自覚的になり、単なる「レッテル貼り」を超えた「真のサービス」に至るようにしなければ、専門職は利用者にとっての脅威とも成り得るということです。

(注4)
Michel Foucault 1926〜1984年。フランス人。「権力」に照準を合わせ社会構造を批判的に分析した。狂気や犯罪、性的禁忌などの制度的排除の諸形態の成立条件を探究し、西欧文化の根本的な再吟味を行った。『狂気の歴史』、『性の歴史』ほか、著書多数。

# Ⅴ 「逸脱」は作られる―ラベリング理論

〈普通じゃない〉ということは、「逸脱している」という状態だけではなく、その状態を見て「逸脱している」と判断し認定する存在があったとき「逸脱」は顕在化するということはすでに述べました。ここでは、その過程を**ラベリング理論**からみていきましょう。

## 1．第1次逸脱

　最初のちょっとした過ちや基準違反、あるいは不可思議な行動が見られたとき、「逸脱している」としてレッテルを貼られる人とレッテルを貼られない人がいます。同じ「行為」をしているにも関らず、レッテル貼りをされる場合とされない場合があるのです。「店の商品を、お金を払わずに店外に持ってきた」という行為であっても、普段、真面目な若者であれば「レジが分からなかったのか」あるいは「うっかりミス」として注意を受けるだけかもしれません。または「気の迷いから起こしたちょっとした過ち」として、以後二度と繰り返さないようにという注意を受け、事が済まされるかもしれません。それが日ごろから評判のよくない若者や、大人からみて服装や髪型の乱れがあると思われる若者が同じ行為をしたところ「万引きをした」として警察へ通報されることもあるのです。この**第1次逸脱**がなされるかどうかは、その判断する人の主観によります。「判断者」の意思により、逸脱というレッテル貼りにもなりうるし、それを免れることもありえるのです。

## 2．第2次逸脱

　第1次逸脱のレッテル貼りをされた人は、さらに次のレッテル貼りをされやすくなります。「逸脱している」ことが発

見され、それに対しレッテル貼りをするかどうかの判断をする際に、前科がある場合は、すぐに**第2次逸脱**として認定を受けることとなります。年頃の若者が喧嘩をした場合、第1次逸脱がなされていない場合は、「ちょっと感情的になったのだろう」、「若気の至り」で済まされるかもしれません。でもすでに第1次逸脱のレッテル貼りがされている場合は「暴力行為」として認定されます。相手が怪我をした場合は、「傷害罪」となるかもしれません。

### 3．逸脱者のアイデンティティ形成へ

こうやってレッテル貼りが重ねられ第2次逸脱、そして第3次へと進むなかで、レッテル貼りをされた人が「どうせ世の中は俺のことなんか信用していないんだろう」、「どうせ俺は外れ者だよ」と逸脱者としてのアイデンティティを受け入れていくことが知られています。最初のレッテル貼りの段階では、何とかそのレッテルを払拭しようとしたものの、社会からのレッテル貼りという暴力や集団の力にはかなわず、レッテル貼りが進むなかでむしろ積極的にそのレッテル貼りを受け入れ、アウトサイダー（外れ者）になっていくというのです。

このようなレッテル貼りの過程は、介護福祉施設でも見られます。時間や場所が分からなくなった認知症の人の訴えは、理解しがたい「問題行動」としてレッテル貼りされ、「決め付け」られてしまいます。すでに専門家により「認知症」であるという認定をされていることが第1次レッテル貼りとなってしまうのでしょう。その結果として本人の声は受け止められず、「問題行動」として次から次へレッテルが貼られていくこととなります。本人がそのアイデンティティを受け入れるかどうかはともかく、周囲からは「問題高齢者」と決め付けられていくようになります。

## Ⅵ　ラベルの貼りなおし作業

　レッテル貼りの過程には、レッテルを貼られた人の行為だけではなく、レッテル貼りをする人の主観的な判断が強く働いていることを見てきました。この悪循環の過程を断ち切り、良好な状態にするために、レッテル、つまりラベルの貼りなおし作業が必要です。

### １．社会的役割の安定化
### 　　──ソーシャル・ロール・バロリゼーション

　W．ウルフェンスバーガー(注5)は、レッテル貼りされている人びとを「社会的に価値を引き下げられている人びと」と理解しました。その人びとと社会との相互作用の過程において「価値のない人びと」とみなされているというのです。「社会的に価値を引き下げられた人びと」の状態を改善するために、彼はその人たちに積極的に肯定的な価値づけを行っていくことを提唱しています。肯定的な価値のそれぞれがひとつひとつの新しい「ラベル」になります。具体的には、社会のなかで肯定的な価値付けがなされる「身だしなみ」、「活動」などを積極的に提供していくことなどです。

　たとえば、「社会的に価値を引き下げられた人びと」とみなされやすい「認知症の人」は、他者から敬意ある関りをしてもらえなくなる傾向にあります。また服装は介助しやすいようなトレーナーやスウェットスーツであることが多いでしょう。日中は何もすることなくボーッと過ごしていることが多くなります。何もすることがないために、ただグルグル歩き回る人もいます。そうすると「徘徊している」という新たなレッテル貼りが加わります。このような状態にある人に対し、敬意ある言葉遣いや関りをします。そうするとそれを見ている他の人も、その「認知症の人」も尊厳を持っていると

(注5)
W.Wolfensberger
1934年〜。
ドイツに生まれ、のちにアメリカに移住し活躍する。ノーマライゼーションの理論家のひとり。

感じるでしょう。また女性だったらちょっとお化粧をするのもよいでしょう。お洒落(しゃれ)をして素敵な服装になるだけで、周囲からの関りや視線が変わってきます。日中に何もしないのではなく、ちょっと素敵な喫茶店でお茶を飲んだり、素敵な音楽に耳を傾けたりしている姿は、とてもお洒落な高齢者に見えるでしょう。そのように見えたら、周囲からの関りも「お洒落な高齢者」に対する敬意ある関りに変わっていきます。日中するべきことがあって楽しめていたら、ただグルグル歩き回るという行動も少なくなるでしょう。このようにして周囲からマイナスとみられやすいひとつひとつの項目を、ひとつひとつプラスの項目へ置き換えていくことにより、「社会的に価値を引き下げられた人びと」の社会的イメージは肯定的に変えていけるとウルフェンスバーガーは考えました。

　このウルフェンスバーガーの理論は、「価値を引き下げられた人びと」を社会へ統合することを目指しているだけではありません。一見、社会への統合を目指す理論のように見えますが、さまざまな人びとを含む社会を作り上げることによって、それまでの社会の〈普通〉を捉えなおし、多様性を認める寛容な社会の構築をも目指しているのです。認知症の人や障害を持つ人などさまざまな人びとを排除せず包括する社会は、多様性を認め、それまでの〈普通〉という価値観を、自動的に更新していくことになるのでしょう。この作業を通し、それまでの〈普通〉という基準を、より多様性を認める〈普通〉へと変えていくのです。

## 2．共通点に目を向けよう

　認知症や知的障害は、レッテル貼りの対象になりやすいものです。介護福祉の対象者は、何らかのレッテル貼りの対象となる症状を抱えている人びとでもあります。しかし、それをレッテル貼りの対象とし「特異な存在」と見るよりも、人

としての共通点に目を向け、その上でそれぞれの抱える個別の事情にも目を向けていくことが大切なのかもしれません。知的障害を持つ人たちは「ピープル・ファースト」、つまり「第一に人間である」という宣言をしてきました。「知的障害」を第一に見るのではなく、第一に「人間」であるという共通性に目を向けて欲しいという願いです。そして認知症ケアの実践においても「**パーソン・センタード・ケア**」が提唱されてきています。まず「認知症」へ焦点をあてるのではなく、第一に「人」であることに焦点をあてるべきという方向転換です。

　精神医学や介護福祉の実践が「特殊性」を発見しレッテル貼りをするだけに終わることなく、真に対人援助の専門職であるためには、価値を引き下げられやすい人びとに対し、肯定的な価値を提供し続け、それぞれの人びとが良好な社会参加を続けられるように支援を行っていくことが大切でしょう。

　普段はあまり意識すらしない〈普通〉と〈普通じゃない〉ということについて考えてきました。〈普通じゃない〉ということはその状態にある人の行動だけで決まるのではなく、〈普通じゃない〉とレッテル貼りする人びとの存在がある場合に顕在化するということです。そのことは多数者である社会の人びとも「**逸脱**」を作り上げる過程に関っていることを示します。介護福祉の実践のなかで、この〈普通〉と〈普通じゃない〉ということを丁寧（ていねい）に考えていくことは大きな意味を持つでしょう。

さらに勉強したいひとのために
アーヴィング・ゴッフマン『スティグマの社会学』せりか書房，1987年．
ハワード・S．ベッカー『アウトサイダーズ』新泉社，1994年．
W．ウルフェンスバーガー『ソーシャルロールバロリゼーション入門』学苑社，
　1995年．

# 第6章

## 女であること、男であること
―ジェンダーという視点―

矢原隆行

　私たちが、だれかを何者かとして認識する場面において、その人が「男か、女か」という区別は、もっとも基本的、かつ強固なもののひとつです。たとえば、散歩中、向こうから人が歩いてくるのを見かけたとき、私たちは、「人が歩いてきた」と認識するのとほぼ同時に「女の人が歩いてきた」、あるいは「男の人が歩いてきた」と瞬時に判断するでしょうし、その結果、生じる感情も異なるでしょう。介護の場面においても、介護する人間が男であるのか、女であるのかということは、やはり女であったり、男であったりする介護される側に、ときとしてさまざまな影響を及ぼすことになります。

　また、家庭においても、職業の場においても、介護や看護、保育などのように、だれかを「ケア」する仕事は、圧倒的に女性によって担われている一方で、大企業の社長や国会議員は、その多くが男性であるという現実もあります。

　この章では、私たちがふだんごく自然なことと感じている「男であること」や「女であること」の社会学的意味について考察していきます。

## I 「性」の多様性

　私たちが、女性、男性という区別を行うときに用いる日本語の「性」という言葉は、第一義的には「うまれつき、天性」といった、ある対象が本来的に備えている特質を意味しますが、女性、男性といった男女の差異や、性交などの事象も意味するきわめて広い概念です。そこに見出される多様な

内容をほぐしつつ、考えていきましょう。

## 1．性に関わるアイデンティティ

　性に関わるアイデンティティとして、①性アイデンティティ（sex identity）、②ジェンダー・アイデンティティ（gender identity）、③セクシュアル・アイデンティティ（sexual identity）の3つが挙げられます。①の**性アイデンティティ**とは、染色体や生殖器といった生物学的次元における性差を基準として分類されるもの、②の**ジェンダー・アイデンティティ**とは、それぞれの社会・文化において期待される役割にもとづく「男らしさ」、「女らしさ」といった性差を基準として分類されるもの、③の**セクシュアル・アイデンティティ**とは、性交などの性的行動に関する志向によって分類されるものです。

　私たちの多くは、ふだんこうした性の多層性にあらためて気づくことがないほど、「男性生殖器を持っていればその人は男で、男が好きになるのは女」といったことを当然として過ごしています。しかし、以下に見るように、実際には、必ずしもそうとは言い切れない場合もあります。

## 2．分類の曖昧さと変容可能性

　まず、生物学的次元における性差である**セックス**についていえば、遺伝子（性染色体）にせよ、生殖器にせよ、その構成や形態からは一意的に女性あるいは男性と判断できない例が、多様なかたちで存在します。たとえば、人間の性染色体にXX型とXY型があり、それぞれ女性と男性となることはよく知られていますが、実際には、XO型、XXY型、XYY型、XXYY型などの異なる性染色体を有する人も一定の比率で存在します。性腺や内性器、外性器の形態についても同様にさまざまです。これらの人びとは俗に半陰陽

（intersex）とよばれますが、このような多様性は生物学的な性差が女性／男性と単純に二分できるわけではないことを意味します。

　また、生物学的な性差ばかりでなく、個々人の「男らしくありたい」、「女性として生きていきたい」というジェンダー・アイデンティティも多様です。1998年の埼玉医科大学を皮切りに、「トランスセクシュアル」（医学的診断名は「性同一性障害」）とよばれる自己のセックスに違和感を持つ人びとに対する性転換手術が国内でも公的に実施され始めたことは、皆さんもご存知でしょうし、必ずしも医療を必要とはしない「トランスジェンダー」や「トランスヴェスタイト（異性装）」といった人びともおり、そのなかには、常時セックスと異なるジェンダーで社会生活を営む人もいれば、一時的に異性のジェンダー表現を行う人もいます。

　さらに、恋愛や性的志向、すなわち**セクシュアリティ**も、すべての人びとにおいてけっして一様ではありません。女性→男性、男性→女性という異性愛（heterosexual）は、必ずしも唯一の愛のかたちではなく、女性→女性、男性→男性という同性愛（homosexual）や、対象の性別にこだわらない両性愛（bisexual）、性的対象をもたない無性愛（asexual）というカテゴリーも存在します。ただし、こうしたカテゴリーは必ずしも個々人において固定的な属性ではなく、ときに変容可能なものでもあります。

　私たちが現在生活している社会には、基本的に「生物学的に男性で、自分を男と思っており、女性を性的対象とする」ような「男」か、「生物学的に女性で、自分を女と思っており、男性を性的対象とする」ような「女」の2通りのみを前提として成立している場面が多々あります。しかし、ここまでにみてきた性差をめぐる諸次元の多様性、および、その組合わせの多様性や変容可能性を考えるならば、そうした二分

法が絶対とは言い難いことがわかるでしょう。

## Ⅱ　ジェンダーという視点

　前節で用いられた「**ジェンダー**」という概念は、1960年代以降、性差に関する（セックスの観点からの）生物学的決定論を批判するために提唱され、議論されてきました。こうした概念が提唱されてきた背景には、さまざまな制度や慣習のなかで抑圧され、差別されてきた女性たちによる女性解放（women's liberation）の動きがあります。すなわち、性差としてあたかも生物学的根拠を持つかのように当然視されてきた男女を区別するさまざまな役割や規範（たとえば、男は外で働き、女は家庭を守るのが当然といった考え方）が社会・文化的構築物としての「男らしさ」、「女らしさ」であるということを主張するうえで、ジェンダー概念はきわめて有用だったわけです。以下では、そうしたジェンダーという視点を用いて、私たちの生活する社会がどのように構成されているのか見ていきましょう。

### 1．構造の二重性

　社会・文化的な性差としてのジェンダーという観点から社会を観察するうえで、有効な理論のひとつとして「構造の二重性」というギデンズ(注1)の定式があります。私たちは、たしかに既存のジェンダー関係のなかで、「女らしさ」や「男らしさ」に関する当該社会の規範を内面化し、女あるいは男として生活していますが、そもそも私たちの考え方や行動を導くそうした規範を継続的に生み出しているのは、日々の私たちのさまざまな振る舞いにほかなりません。その意味でジェンダーとは、個々人の有する特性というよりも、日々の相互行為に埋め込まれた日常的達成物であるともいえるでしょう。すなわち、ジェンダーに関する社会構造は、私たち

（注1）
A. Giddens
1938年〜。イギリスの社会学者。一般理論、階級論、国家論、社会変動論など広範な分野に業績がある。構造＝機能主義と主観主義との対立の止揚をめざす構造化理論を展開している。主な著作に『社会学の新しい方法規準』、『親密性の変容』など。

が日々行う実践の再生産の媒体であると同時にその帰結でもあるわけです。

　もちろん、そうした実践において、私たちはたんに既存の構造に従って機械的に日常行動を行うわけではありません。既存のジェンダー構造に対する異議申し立てとしての女性解放運動、同性愛解放運動などの歴史を振り返れば明らかなとおり、私たちは日々の活動のなかで既存の構造からの規制にそむき、それを変形していくこともまた可能です。

## 2．ジェンダーの主要構造

　今日のジェンダー理論における主導的論者のひとりであるコンネル(注2)は、ジェンダーの領域を説明するための主要構造として、①分業構造、②権力構造、③カセクシス（cathexis）構造の3つをあげています。

### 2-1　分業構造

　分業構造とは、単純には特定のカテゴリーの人びとを特定のタイプの仕事へと配分するものです。とりわけ男女の性別役割によるさまざまな労働の配分を**「性別分業」**といいます。近代社会における産業化の進展は、「男は仕事、女は家庭」というかたちで、女性に家事、育児、介護などの**不払い労働**（unpaid-work）を配分してきました。また、多くの途上国では、女性が家事労働のみならず「インフォーマル・セクター」とよばれる過小評価されるかまったく労働として把握されない労働に従事しています。そこでは、そもそも何が仕事であり、何が仕事でないのかという社会的意味づけ自体が構造化されているといえるでしょう。また、職業のなかには、介護や看護、保育のようにその多くを女性が占めるような職業や、その逆に圧倒的多数を男性が占める職業があります。そして、男女がともに働く職場であっても、それぞれの担う職務、およびその報酬にはいまだ格差があることをさまざま

(注2)
R. W. Connell
1944年〜。オーストラリアの社会学者。階級構造、教育、ジェンダー、男らしさなどを対象に、活発な研究を進めている。主な著作に『ジェンダーと権力』など。

な資料が示しています。

## 2-2 権力構造

権力構造とは、職場や家庭、あるいはもっと大規模な制度における利益の優位性や資源の不平等を構成するものです。現在、企業や政府の運営においてその中心的地位の多くは男性が占めており、俗に「ガラスの天井（glass ceiling）」といわれるように女性がそうした地位につくには、さまざまな困難が伴います。また、いまや家庭内において父親がつねに権力者であるとは言い難いものの、「頼りがい」や「力強さ」、「リーダーシップ」が「男らしさ」として期待される傾向や、対外的に父親が家庭全体の代表者という認識は根強いでしょう。そこでは、男性が権力をもつとするイデオロギーが形成されるとともに、そうしたイデオロギーに沿って権力関係が再生産されているといえます。フェミニズムの理論家たちは、こうした男性支配のシステムを広く「**家父長制**（**patriarchy**）(注3)」とよんでいます。

## 2-3 カセクシス構造

カセクシス構造とは、ある人の他者に対する情緒的な執着を組織するものです。情緒的な執着には愛情だけでなく敵意もあり、両者が同時に存在することもあります。現代社会において主導的な欲望パターンのもとでは、カセクシスは一般に性別の違いをその前提とする「異性愛」のセクシュアリティ、すなわち「女性は男性を必要とし、男性は女性を必要とする」という図式にもとづいて組織されます。そこでは、男女の二分法そのものがカセクシスの対象となり、ジェンダーの違いがセクシュアルな価値を持つことになります。そして、異性愛以外の性的関係はときに逸脱とみなされ、攻撃や排除の対象とされます。異性愛関係内部においては、男女間の勢力関係によって、女性に対してのみ厳格な性規範が課される「**性規範のダブル・スタンダード**」が構成されます。また、

(注3)
社会的な男女のあり方を規定する男性優位主義。1960年代以降の女性解放思想において社会的抑圧の基本形態として位置づけられた。

育児において女性のみに期待される「母性愛」もひとつの強固な情緒関係といえるでしょう。

　これら3つの構造は、実際にはそれぞれが独立して作動しているものではありません。分業構造は一定の権力関係を伴い、部分的にはカセクシスのパターンを反映しているでしょうし、カセクシス構造はときに権力の不平等を反映しています。これらの構造は、そのいずれかが究極的な決定因となるものではなく、それぞれに独自の次元を有しながら相互の規定要因として、互いに対する変容の契機をはらみつつ具体的な社会領域を編成しているといえるでしょう。以下では、家庭領域と職業領域という私たちの社会生活における主要な2つの領域について、その具体的なジェンダー体制、および、そこでのケアの現状を考察していきましょう。

## Ⅲ　家庭領域におけるジェンダーとケア

### 1．家庭領域におけるジェンダー体制

　現在、私たちをとりまく家庭において、大きく分けて「市場労働－非市場労働間の分業」および「非市場労働のなかでの分業」という**性別分業**を見出すことができます。前者の「市場労働－非市場労働間の分業」は、家庭領域と職業領域の両者にまたがる分業であると同時に、それぞれの領域内部における分業にも直接的・間接的に影響を及ぼすものです。近年、意識として「夫は外で働き、妻は家庭を守るべき」といった考え方は着実に減少してきていますが、実際には、国内における女性の労働力率は欧米諸国と比較していまだ低い水準にあり、子育て世代とされる20歳代後半から30歳代の労働力率が低いM字型となっています（図6-1）。すなわち、国内において、女性は結婚や出産を契機に仕事を離れ、育児が一段落してから再び仕事につくという傾向がなお根強いと

図6-1　女性の年齢階級別労働力率の国際比較（2004年）

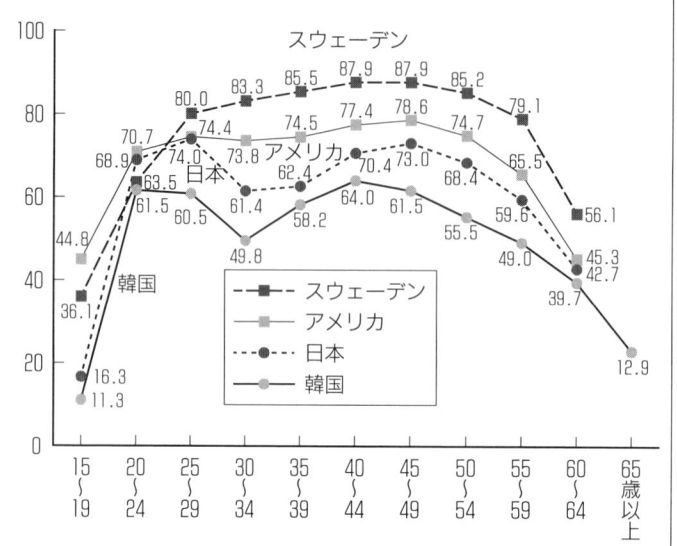

|年齢|スウェーデン|アメリカ|日本|韓国|
|---|---|---|---|---|
|15〜19|36.1|44.8|16.3|11.3|
|20〜24|63.5|68.9|70.7|61.5|
|25〜29|80.0|74.4|74.0|60.5|
|30〜34|83.3|73.8|61.4|49.8|
|35〜39|85.5|74.5|62.4|58.2|
|40〜44|87.9|77.4|70.4|64.0|
|45〜49|87.9|78.6|73.0|61.5|
|50〜54|85.2|74.7|68.4|55.5|
|55〜59|79.1|65.5|59.6|49.0|
|60〜64|56.1|45.3|39.7|42.7|
|65歳以上|—|—|—|12.9|

（注）アメリカ、スウェーデンの「15〜19」歳は「16〜19」歳である。
出典：ILO "LABORSTA" 総務省統計局「労働力調査」

いえます。

　しかし、「非市場労働のなかでの分業」について見てみると、たんに女性が市場労働に従事していないために家庭内での家事を担っているわけではないことがわかります。表6-1から見てとれるように、妻が無職であれ有職であれ、逆に夫が無職であれ有職であれ、いずれにせよ大半の家庭において妻が主に家事を分担しているのが現状です。こうした非市場労働での性別分業の根強さは、市場労働への女性進出という状況の先行するアメリカなどにおいても見出されています。

　山田昌弘が近代家族の構造的危うさを緩和するもっとも重要な装置として指摘する「家族責任を負担すること＝愛情表現」というイデオロギーは、こうした家庭領域における分業構造とカセクシス構造の交錯の一形態といえるでしょう。そこでは、「愛情があれば、家族の世話を自発的に引き受ける

はずだ」といったイデオロギーにより、妻がたとえ市場労働において報酬を得たとしても（ときに、そうであればなおのこと）、家族への愛情の証しとしての家事・育児へと促されることになります。

表6-1　家庭における家事を主にだれが分担しているか (2004年)

| | | | N | 夫(%) | 妻(%) | その他(%) |
|---|---|---|---|---|---|---|
| 掃除 | 女性 | 有職 | 674 | 2.8 | 78.2 | 19.0 |
| | | 無職 | 761 | 3.2 | 84.5 | 12.3 |
| | 男性 | 有職 | 906 | 3.7 | 75.1 | 21.3 |
| | | 無職 | 336 | 9.2 | 67.9 | 22.9 |
| 食事のしたく | 女性 | 有職 | 674 | 0.6 | 86.9 | 12.4 |
| | | 無職 | 761 | 0.8 | 91.5 | 7.8 |
| | 男性 | 有職 | 906 | 1.3 | 85.9 | 12.8 |
| | | 無職 | 336 | 3.3 | 83.6 | 13.1 |

内閣府「2004年男女共同参画社会に関する世論調査」より作成

## 2．家庭領域におけるケアの現状

　ケアという概念が指し示す領域は、子育てから病人の看護、障害者の介助、心のケアなど非常に広範ですが、従来その多くが家族によって担われてきました。とりわけ国内において急速な高齢化が進むなか、介護問題は多くの家族にとって切実なものとなっていますが、その実際の担い手についてみると、根強い性別分業の存在を確認することができます。図6-2から明らかなように、国内における家族介護は、「嫁」、「妻」、「娘」、「母」といった女性の側によって主に担われています。この背景には、前項でもふれた女性のみに期待されがちな「愛情があれば、家族の世話を自発的に引き受けるはずだ」というイデオロギーの存在を推測することができるで

第6章　女であること、男であること—ジェンダーという視点—

図6-2　要介護者などからみた主な介護者の続柄（2001年）

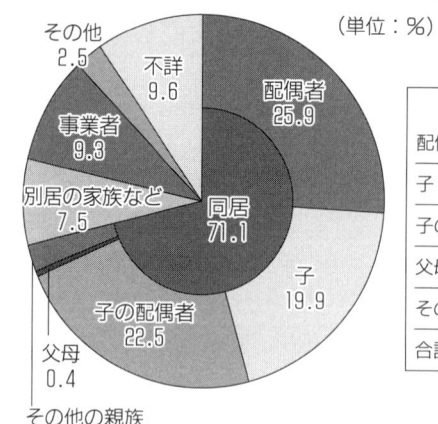

（単位：％）

- その他 2.5
- 不詳 9.6
- 配偶者 25.9
- 事業者 9.3
- 同居 71.1
- 別居の家族など 7.5
- 子 19.9
- 子の配偶者 22.5
- 父母 0.4
- その他の親族 2.3

| 同居の家族など介護者の男女別内訳（単位：％） | | | | |
|---|---|---|---|---|
| 配偶者 | 男（夫） | 8.2 | 女（妻） | 17.6 |
| 子 | 男（息子） | 7.6 | 女（娘） | 12.3 |
| 子の配偶者 | 男（娘の夫） | 0.5 | 女（息子の妻） | 22.1 |
| 父母 | 男（父親） | 0.04 | 女（母親） | 0.4 |
| その他の親族 | 男 | 0.5 | 女 | 1.9 |
| 合計 | 男 | 16.8 | 女 | 54.3 |

出所：厚生労働省「平成13年国民生活基礎調査」

しょう。すなわち、妻として夫を、母として子どもを、娘として親を、嫁として義理の親を愛すること＝ケアすることが、家庭領域におけるジェンダー体制として女性に課せられているといえます。

　また、こと介護領域に関しては、そこにはセクシュアリティの問題もはらんでいます。すなわち、介護がときに入浴や排泄介助を含んだ身体に関わる世話であることを考えるならば、国内の異性愛秩序のなかで「女性」として社会化された高齢女性の多くが女性介護者を望むのは、ある意味で当然なことといえます。加えて、男女の平均寿命の違いから、高齢要介護者に占める女性の比率がかなり高いという事実も、社会における介護の負担を女性たちへと差し向ける要因といえるでしょう。

## Ⅳ 職業領域におけるジェンダーとケア
### 1．職業領域におけるジェンダー体制

　前節においてもふれたように、市場労働－非市場労働間の性別分業は、主に女性を家庭での不払い労働に、男性を市場での有償労働に振り分けるものですが、そうした性別分業は、「市場労働のなかでの分業」も促します。図6-3に見られるように、国内の労働力人口に占めるパート・アルバイトの比率は、男性においては20歳代後半以降きわめて低いのに比べ、女性では30歳代以降上昇し、高い割合を維持しています。このことは、図6-1で確認された国内女性労働力率のM字型における2つ目の山を実質的に形成しているのが、結婚・出産を経た女性のパート・アルバイト就業であることを意味しています。国内においてパートとよばれる人びとの特徴としては、その労働時間が欧米のパートタイマーよりもはるかに長く、いくつかの国のフルタイマー以上にもなることが指摘されており、それはたんなる短時間労働ではなく、長時間労

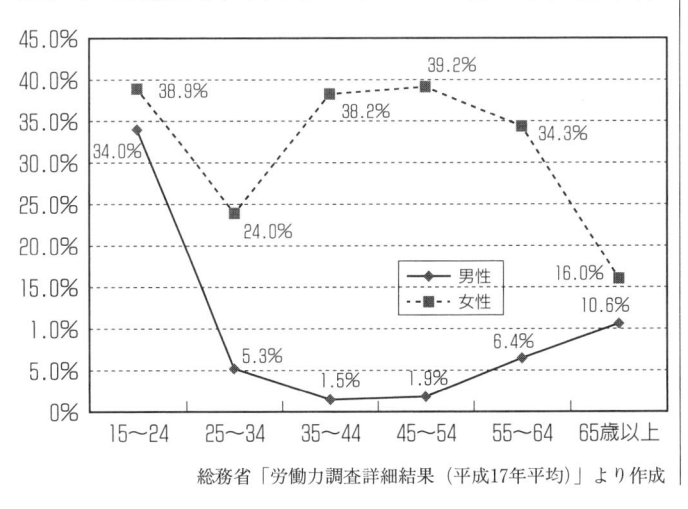

図6-3　労働力人口に占めるパート・アルバイトの比率（2006年）

総務省「労働力調査詳細結果（平成17年平均）」より作成

第6章　女であること、男であること―ジェンダーという視点―

働と低賃金、身分の不安定性や職種の低位性によって特徴づけられる中年女性の雇用「身分」とみなすことができます。

　パート・アルバイトではない一般労働者の内部においても、職業領域における性別分業は多様なかたちで存在します。たとえば、1986年の男女雇用機会均等法施行を契機に多くの企業で導入された「コース別人事制度」は、同じ職場内において「総合職」、「一般職」という昇給・昇進・転勤などの条件が異なる2つのコースに大まかに男女を振り分け、女性の職務内容を男性の補助的なものに位置づけるよう機能してきました。こうした職業領域におけるさまざまな分業は、多くの場合、同時に男女間の権力格差を（さらには女性間における権力格差をも）生み出すものといえます。

　また、いくつかの職業のなかには、市場労働のなかでの性別分業構造が**カセクシス構造**と深く結びついているものを見出すこともできます。性風俗産業やいわゆる水商売などはその典型ですが、それ以外の領域でも、とりわけ人と接する職業の女性において、程度の差はあれそうした側面が重視される傾向があります。ホックシールド(注4)は、女性客室乗務員たちの「母親らしい」振る舞いと「セクシー」な雰囲気が航空会社によって教育・監督され、活用されていることを「**感情労働**」という枠組みを用いて説明しています。このことは、ときに同じ職場、同じ職種、同じ地位であっても、顧客や上司・同僚から期待される男女の役割には大きな差が生じ得るということを意味しているでしょう。

## 2．職業領域におけるケアの現状

　2000年から国内で実施された介護保険制度に前後して「ケアの社会化」という言葉が聞かれます。家庭領域において、とりわけ女性に大きな負担をあたえてきた不払い労働としての介護を社会化し、市場労働の領域に移行させることは、ジ

(注4)
A. Hochschild
1940年〜。アメリカの社会学者。感情社会学の分野を切り拓くとともに、女性の就労をとりまく種々の社会問題に取り組んでいる。主な著作に『管理される心』、『セカンド・シフト』など。

ェンダー問題に関するひとつの進展と理解できるかもしれません。しかし、従来、家庭領域においてと同様、職業領域においても、ケアはその多くを女性によって担われてきました。たとえば、代表的なケアの職業のひとつである看護職は、同時に典型的な女性的職業でもあります。そして、その理由のひとつには、看護職がその歴史において、「医師－看護婦－患者」という3者関係を、家庭における「父親－母親－子ども」という権力関係になぞらえることによって、医療の分野にその職業としての位置づけを獲得してきたという経緯があります。

近年においても、看護職に限らずケアに関わるさまざまな仕事が、家庭で女性が担ってきた育児や家事の延長として（もちろんその育成カリキュラムにおいてはさまざまな専門的知識を学ぶにせよ）、女性にふさわしい職業とされてきました。国内でも、現在、看護職（看護師・准看護師）、介護職（介護福祉士、ホームヘルパーなど）、保育職（保育士）などの圧倒的多数を女性が占めています。そして、多くの場合、それらの職業は、病人や高齢者、子どもに対する高度な気遣い、すなわち感情労働を伴うものといえますし、女性的職業に固有の比較的低い賃金体系が課されています。こうした傾向は、「女性の社会進出」と「ケアの社会化」という、個々には既存の家庭領域におけるジェンダー体制から女性を解放する可能性を有する変化が、実際には職業領域において女性を低賃金・低地位の女性的職業に動員していることを意味しているでしょう。

## Ⅴ　変化の兆しと変化における課題
### 1．ジェンダー体制をめぐる変化の兆し

こうした家庭領域および職業領域というそれぞれのジェンダー体制において形づくられたケアに関するイメージは、同

時に相互のジェンダー体制を編成するよう働きます。すなわち、看護、介護、保育といった仕事は、女性が家庭内で果たしてきたさまざまな「女性らしさ」を必要とするものであり、同時に、家庭における理想的な女性の役割は、よい看護婦や保母のように家族をケアすることであるとみなされるわけです。

しかし、Ⅱ節において述べたように、ジェンダーに関する社会構造は、私たちの日常行動を導くばかりでなく、私たちの日常行動による達成物でもあります。そして、そこには着実な変容の可能性がはらまれています。家庭領域における性別分業意識は、若い世代では着実に変化していますし、従来、男性社会とみなされてきたような職業領域で活躍する女性たちも増加しています。また、これまで女性的職業とみなされてきたケアの職業領域において、介護職、看護職、保育職などに占める男性の比率はいまだ少ないながらも、年々着実に増加しつつあります。

## 2．変化における課題

もちろん、そうした変化がただちに既存のジェンダー体制を乗り越える新たな社会の構築を意味すると捉えることは、少々楽観的にすぎるでしょう。従来存在してきたさまざまな壁を乗り越えて男性社会で働く女性や、逆に、女性社会で働く男性について、そうした職業内部においてさらに「男性向きの仕事」、「女性向きの仕事」といった新たな分化や階層化が生じる場合があることも観察されています。また、一部の先進国において女性の着実な社会進出が確認できるとしても、経済のグローバリゼーションが進展する今日においては、その背景に存在する女性移民家事労働者の問題や、多国籍企業による周辺地域の女性労働者の利用など、世界システムのレベルで展開する家庭領域および職業領域を巻き込んだジェン

ダー編成のありようについても留意しておく必要があるでしょう。すなわち、変化することは、同時に新たな課題を産出する側面も常に有しているのです。

　このようにジェンダーという視点から、ケアの問題について考えていくことは、私たちにケアの本質を問い直すことを繰り返し求めると同時に、幅広く社会全体を眺めることを通してそれを考える必要があることを示唆しています。

### さらに勉強したいひとのために
春日キスヨ『介護とジェンダー――男が看とる女が看とる』家族社，1997年．
伊藤公雄『男性学入門』作品社，1996年．
江原由美子，金井淑子編『フェミニズム』新曜社，1997年．

# 第7章

## 〈家族〉であるということ
―家族という視点―

中村裕美子

　家族のなかに生まれ育ち、家族のなかで生涯を終えるというのは、すべての人がたどる道ではありません。だれにでも家族が存在するわけではなく、また、人によって家族と考える人の範囲が異なることもあるでしょう。

　介護や育児などは、もともと家族によって担われてきました。しかしながら、社会が変化することによって家族形態や家族機能が変化し、家族のなかだけではさまざまな役割が担いきれなくなったことから、社会福祉に対するニーズが高まってきたといえます。

　介護福祉士がサービス利用者と関わっていくとき、利用者の家族関係や家族を取り巻く問題性を理解する必要がありますし、家族と協力し合ったり、家族に対して支援をしていくことが求められてきます。

　この章では、「家族」について考え、理解していきます。

## I　家族とは

　家族について、多くの研究者が定義をしていますが、ここでは主要な3つの定義を紹介します。

　森岡清美は、「家族とは、夫婦・親子・きょうだいなど少数の近親者を主要な成員とし、成員相互の深い感情的関わり合いで結ばれた、幸福（well-being）追求の集団である」と述べています(注1)。

　社会人類学者マードック(注2)は、250の代表的な人間社会に関する調査から、もっとも基本的な家族構成として核家族

(注1)
森岡清美、望月嵩『新しい家族社会学 4訂版』培風館、1997年。

(注2)
G.P. Murdock
1897～1985年。アメリカ人。比較民族研究の統計的接近を可能にし、通文化的方法を提唱した。家族類型としての核家族概念は、家族研究の発展に大きく貢献した。『社会構造』（1949年）など著書多数。

(nuclear family）を主張し、性・生殖・経済・教育の4つの機能を有していると指摘しています(注3)。

社会学者のパーソンズ(注4)は、アメリカの中産階級の調査をもとに、家族の基本的な機能は子どもの第1次社会化と成人のパーソナリティの安定であると指摘しています。また、夫婦の役割分担を明確に示しているところにも特徴があります(注5)。

また、「家族」と類似した言葉に、「家庭」があります。みなさんは家庭という言葉を家族と同様に使用しているかもしれません。しかし、家族と家庭では意味が異なり、社会学では明確に使い分けています。「家族」とは集団、家族員の集まりのことであり、一方、家庭とは、家族の生活の場、家族のもつ社会的機能を効率的に実行するための共同消費生活の場のことを意味します。

## Ⅱ　家族の変容

家族変動を捉えるにあたっては、変化の面からアプローチする立場と、持続の面からアプローチする立場が存在します。このどちらを中心にして捉えていくかは研究者によって異なりますが、研究課題にとってどちらがより適しているかを考えて選ぶべきでしょう。そのさい、留意すべきことは、変化の面からアプローチする場合、変化の方向を読んで、変化についての仮説を立てることができる一方、直線的な、かつ全面的な変化を想定してしまいがちです。逆に持続の面からアプローチする場合には、変化に対して慎重な姿勢を取ることができる半面、変化を系統的に捉えることができない場合があるという欠点があります。

ここでは、戦後の日本家族の変容を、変化の側面からアプローチしていきます。つまり家族規範のなかでも家族形成規範に変化が起こることを家族変動の決定的要件とみなして、

---

(注3) G.P.マードック『社会構造 核家族の社会人類学』新泉社、1978年。

(注4) T.Parsons 1902-1979年。アメリカ人。行為理論をベースに社会体系論を展開し、構造＝機能主義を確立した。理論社会学の最高峰であり、家族社会学、政治社会学、経済社会学、比較社会学など幅広い領域において独自の理論を展開している。『社会体系論』（1951年）など著書多数。

(注5) T.パーソンズ、R.F.ベールズ『家族』黎明書房、1981年。

変化の方向を「家」という直系家族制の家族から夫婦家族制の家族への移行と捉えることによって、見ていくことにしましょう。

このとき、理念的に捉えて家とよばれた戦前の直系家族制の家族から、一般に核家族とよばれる戦後の夫婦家族制の家族へ変化したと見た場合、すでに2段階の変化を経過したと考えられます。直系家族制は、夫婦、1人の既婚子と配偶者、そしてその子どもで構成され、2つの家族の核家族が既婚子を要(かなめ)として世代的に結合した形態をとります。また、**夫婦家族制**の家族とは、夫婦と未婚の子どもで構成され、核家族が単独で存在する形態です。

図7-1　家族の形態

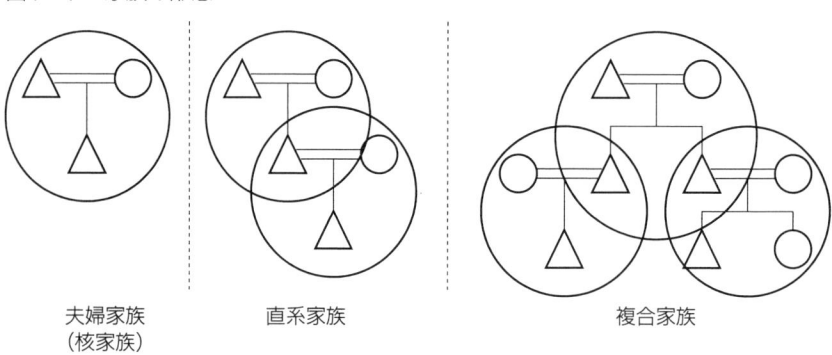

夫婦家族　　　　直系家族　　　　　　複合家族
（核家族）

△：男　　○：女　　＝：婚姻関係

出典：森岡清美，望月嵩『新しい家族社会学　4訂版』培風館、1997年、17頁を一部改変

第1段階の家族変動は、直系家族制の家族から夫婦単位の、もしくは夫婦中心の夫婦家族制の家族への移行です。これは、戦後の民法改正による家制度の廃止や、経済成長に伴う労働力の移動によって、父子継承ラインが切断されたことによるものです。

森岡清美は戦後、とくに1945（昭和20）年代から1965（昭和40）年代にわたる30年近い間の家族変動を、家族形成パターンの変化として捉えました。そして、各世代1夫婦の父子継承ラインを軸とする直系家族制から、夫婦単位の夫婦家族制への変化の要因として、理念的要因と経済的要因、とくに両者の結合をあげました。

　理念的要因とは、改正民法によって父子の継承ラインを軸とする家の制度を廃止するということは、旧民法においては父子継承ラインが強かったものの、新民法の下では父子継承ラインが切れてもかまわないと考える傾向があるということです。

　また、高度経済成長により、1975（昭和50）年代初期頃まで、都市における農村出身の男子の就労の機会が増えました。経済的要因とは、その男子が都市で結婚することによって夫婦家族ができ、父子継承ラインが切れることになったというものです。これら理念的要因と経済的要因の背後には、政策的要因があり、戦後30年間の政策的要因とは、戦後の制度的改革において、新民法では夫婦関係については明確な形で示されたものの、親子関係については積極的な形で示されずに放置されていたことによって家族変動を導いたことであるといいます。

　この第1段階の終わり頃、1965（昭和40）年代には出生児数の減少と寿命の伸びが達成され、かなりの長さのエンプティネスト期(注6)をもつ戦後型ライフサイクルが出現することになりました。それと同時に、小家族化が達成され、また配偶者選択の様式が見合いから恋愛へと変化しました。これらのことがあいまって、単なる夫婦単位の家族形成から夫婦中心の家族形成へと、関係の軸が定まっていく契機になったということができるでしょう(注7)。

　また、依田精一は、1945（昭和20）年から1947（昭和22）

（注6）
エンプティネスト（empty nest）とは、空の巣という意味である。夫婦家族（核家族）の多くでは、子どもが成長・独立して親元を離れると、老夫婦のみが家に残されることになる。この家族ライフサイクルの段階をエンプティネスト期という。

（注7）
森岡清美「日本家族の現代的変動」『現代家族変動論』ミネルヴァ書房、1993年。

第7章 〈家族〉であるということ—家族という視点—

年にかけて、戦前の「家」イデオロギーに変わる新しい家族観が成立したといいます(注8)。

　第1段階の変化が成人となった子と親との関係、とくに父子継承関係の変化によって出現したのに対し、第2段階の変化は、経済の安定成長のなかで、夫婦関係のあり方の変化として現れました。類型としては夫婦家族制の家族の内部の変化ですが、世界史的な規範解体、もしくは脱制度化（de-institutionalization）の動向ともいえるようです。

　夫婦関係を問い直す背景には、長いエンプティネスト期を含む人生80年時代のライフサイクルが確立したなかで、働く女性が増加し、女性の経済力や情報収集能力が飛躍的に高まったことがあります。つまり、伝統的な性別役割とそれを支える規範の問い直しを迫るものなのですが、この動向から新しい現象が生じてきています。中高年女性の離婚の増加、晩婚化、未婚率の増加、結婚のライフスタイル化、離婚に対する社会的スティグマの希薄化、同棲や未婚の母に対する社会的否認の後退、家族の個人化などが、その現れであるといえるでしょう。

　このほかにも、家族構成については1世帯当たりの人員が約5人から約3〜2人に減少したこと（小規模化）、核家族化の進展と単独世帯の増加、少産化傾向、家族機能の「外部化」の傾向などがあげられ、このような家族に見られる新しい現象、家族の変化動向については日々の生活体験やマスコミなどによって一般的に知られています。

## Ⅲ　ライフサイクルとライフコース

　人の一生には、規則的な推移があると考えられてきました。結婚して家族を形成し、子どもを生み育て、子どもが成長し独立する頃には、職業から引退し隠居生活を送るというものです。このように、人の一生に規則的な推移があることを前

(注8)
依田精一「戦後家族制改革と新家族観の成立」東京大学社会科学研究所編『戦後改革』1974年。

提とし、家族形成期、新婚期、養育期、教育期、脱親役割期、引退期、老年期などの段階を設定して、人生の平均的なパターンを明らかにしようとする手法を**ライフサイクル**といいます。

このライフサイクルの考え方は、個人だけでなく、家族にも当てはめることができます。森岡清美は、家族は生命をもたないが、夫婦の結婚と死亡、子どもの出生と成長によって、その存続が基本的に規定された生活体であることから、ライフサイクルとよぶことのできる規則的な推移があると論じました。そして、家族のライフサイクルを家族周期とよんでいます。この分析手法は、1960年、70年代には高く評価されていました。

しかしながら、1980年代以降、わが国は人生80年の大衆長寿社会となり、末子の結婚から一方の配偶者死亡までの期間（脱親役割期）が長くなりました。平均寿命が延びるということは、個人差の大きい人生後期が長くなることを意味します。さらに、現代では晩婚化、未婚化、離婚の増加、出生率の低下といった現象が生じ、経験するライフイベントの個人差が大きくなりました。そのため、発達段階のような形で一定の規則的な推移を前提とした手法の有効性が問われるようになってきたのです。

そこで登場してきたのが、個人の人生行路（pathway）に注目した**ライフコース**という手法です。ライフコースとは、「諸個人が年齢相応の役割とできごとを経つつ個人がたどる人生行路」であると定義されています。

ライフサイクルでは段階を設定することを分析手法としていたのに対して、ライフコースでは**コーホート分析**という手法を用います。コーホートとは、「出生や結婚などの同時発生集団」を意味しています。

つまり、出生コーホートは同年に出生した人の人口集団、

結婚コーホートは同年に結婚した人の人口集団ということになります。集団は社会学のキーワードのひとつであり、家族のように目に見える集団が主ですが、コーホートは目に見える集団ではなく、統計上の整理のためにまとめられた集団であって、世代のもつ価値意識などの分析に役立ちます。

コーホート分析では、個人的なできごとを何歳の時に経験したのかを明確にし、出生年次や結婚年次などの異なるコーホート間の差異の有無を分析することによって、社会変動によって生じた歴史的変化を知ることができます。

また、同一コーホート内での学歴や職歴、地域といった、社会的属性別にその違いを明らかにすることも可能となります。個人に焦点をあわせて、社会変動によって生じた歴史的変化を示すことのできる手法がコーホート分析であるといえるでしょう。

## Ⅳ 家族機能の変化

家族はもともと、さまざまな働きを多面的に担う集団として位置づけられていました。しかしながら、近代化のなかでは直系家族制の家族から夫婦家族制の家族（核家族）が大多数を占めるようになり、家族の小規模化や女性の社会進出などの現象が相まって、これまで家族が担っていた機能を、外部の専門的な社会機関に委譲するようになってきました。このような議論を家族機能縮小論といいます。

森岡清美は、機能を遂行と責任という区分で捉える必要性を指摘しています[注9]。次にあげる図7-2の1は、暴力的な手段を用いた防衛や復讐であり、家族による遂行も責任も国の法令によって禁止され、家族からは奪われた機能です。時代劇などでは、親の敵討ちの場面が登場することがありますが、現代社会では、たとえ身内が殺害されたとしても直接加害者に復讐することは許されておらず、その遂行は警察や

(注9)
森岡清美、望月嵩『新しい家族社会学 4訂版』培風館、1997年。

図7-2　専門的社会機関への家族機能の萎縮

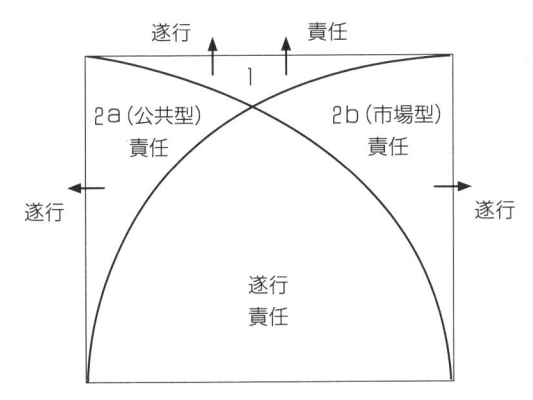

```
        遂行   責任
         ↑    ↑
         ┌────┼────┐
         │    1    │
    2a（公共型）  2b（市場型）
      責任        責任
    ←         →
    遂行        遂行
         │  遂行  │
         │  責任  │
         └────────┘
```

出典：森岡清美，望月嵩『新しい家族社会学　4訂版』培風館、1997年、177頁

法執行機関にゆだねられています。

2は、専門的な社会機関に遂行が任されたものの、家族が担うことを禁じられてはいない機能であり、2aと2bに区分されます。

2a（公共型）は、法令によって主な遂行者が専門機関に移されたもので、そのひとつに子どもの教育があげられます。子どもの教育は学校が中心に担うようになりましたが、基本的な子どもの教育方針や学校の選択、学費などの経済的な負担といった責任は、依然として家族にあるといえます。

2b（市場型）は、効率を考慮して、家族の側から専門機関に遂行を委譲している部分です。医療・福祉分野の乳幼児保育や老親の介護があります。家族に遂行と責任の両者が残されているのは、愛や情緒的側面といった機能ということになります。

ところで、近代家族の特徴として「個人化」や「私事化」（**プライバタイゼーション**）があげられます。「個人化」とは、家族の各成員が家族の内部だけでなく、家族外における活動領域が家族役割の遂行に必要な程度を超えて拡大し、かつそ

れらへの関与が深化することによって、家族内部での共同活動の減少や、家族の集団性・団体性の弱化がもたらされ、個人の自己実現が求められる傾向のことです。また、家族社会学におけるプライバタイゼーションの定義は、望月嵩によると「家族生活が私的な生活領域として公的な機関を始めとする第三者の介入を拒否するものとなったことを意味する」ということです(注10)。

　近年の日本の家族社会学ではプライバタイゼーションに関する議論が盛んであり、**ディプライバタイゼーション**に関してはあまり検討されてきませんでした。「『ディプライバタイゼーション』とは、政府や地方自治体の社会制度による家族への介入やサポートばかりでなく、ボランティア・グループによる家族への援助活動や、私企業による家族へのサービスの提供を含むもの」(注11)です。ディプライバタイゼーションの要因としては、家族の小規模化や個人化があげられます。鮎川潤はこの点について「この概念（ディプライバタイゼーション）の導入によっていままでのわが国の家族研究でみえなかったものが明確になるのではないか。さらにひょっとするとこのディプライバタイゼーションこそが進行しているというのが、現在の日本の状況かもしれない」（カッコ内は原著者）(注12)と述べています。たとえば、2000年から施行され、2006年に改正法が出された「介護保険法」では、市町村による認定審査会の審査を受け、要支援もしくは要介護のランクによって、介護予防サービスや介護サービスなどが家族に供給されます。これは、行政によるサービスが、家庭へ介入することを意味しています。また、「配偶者からの暴力の防止及び被害者の保護に関する法律」（通称：ＤＶ防止法）が2001年10月に施行されたことにより、これまで「法は家族に入らず」とか「民事不介入」としてドメスティック・バイオレンスの介入には消極的であった警察などの法執行機関が方

(注10)
望月嵩『家族社会学入門―結婚と家族』培風館、1996年。

(注11)
鮎川潤「『家族のディプライバタイゼーション』―『ディプライバタイズ』する家族」『季刊　家計経済研究』第40号、1998年。

(注12)
注11と同じ。

針を転換し、ドメスティック・バイオレンスの防止や解決のために家族に入るようになりました。このような家族の問題に、外部からのサポートが入ることは、まさにディプライバタイゼーションであるといえるでしょう。

　ここで、先に述べた家族機能の外部の社会機関への委譲、すなわち家族機能の「外部化」傾向に着目してみましょう。家族が以前から担っていた役割を外部に委譲したり委託することにより、従来果たしてきた機能は家族外で代替されるようになってきました。すなわち、家族はディプライバタイズしてきたといえます。家族のディプライバタイゼーションには、育児や介護などの問題を考えると、家族の負担が軽減され、育児者や介護者が自分の時間をもつことができるというようなプラスの側面も認められますが、ここではあえてマイナスの側面に着目したいと思います。

　最近、子ども虐待が新聞やテレビなどで数多く取り上げられていますが、それらの事件を引き起こす要因として、虐待を生み出す家族の危機が叫ばれているように思われます。子ども虐待の要因を家族に求めたとき、母親がひとりで育児を抱え込まざるをえない傾向が示唆され、母親と子どもに対する社会的な支援を強化する必要性が論じられます。その一方で、子どもの教育の基本はあくまでも家族にあるにもかかわらず、核家族化や働く女性の増加、地域社会の崩壊などにより、教育のほとんどを学校に押し付けてしまっている傾向があるのではないでしょうか。家族の機能には、代替不可能な機能も存在するのであり、子どもの教育の委譲や委託は、子どもの健全な育成へ大きな影響を及ぼし、家族の紐帯（とくに親子関係）の欠如が虐待へとつながることも考えられます。このような意味において、家族のディプライバタイゼーションは、家族の危機的状況として捉えることもできるでしょう。

このように、家族の変容がわれわれの家族生活にどのような影響を及ぼしているのかということを考える必要があります。家族が担いきれなくなった機能を外部機関が支援するというシステムは、いまだ十分に確立されているとはいえません。家族が抱えている問題は、その家族によってさまざまですが、家族を支援する立場として活躍することが期待される介護福祉士は、問題状況を的確に把握し、その上で対応策を考え、行動する必要があります。

## V　家族の問題
### 1．家族問題の推移

　はじめに、ここでは戦後の家族問題の推移を簡潔に見ていくことにしましょう。まず、戦後復興期の家族問題は、敗戦によって植民地をすべて失うことに加えて、物質的条件の確保の問題であり、労働問題・貧困問題に吸収される問題であったといえます。

　高度経済成長期の家族問題は、親子の断絶的様相と過度の密着、夫婦間コミュニケーションの不足や役割分担のアンバランス、生活時間配分のアンバランスや余暇活動問題など、いくつかあげられます。単なる経済問題に還元できない人間的諸活動をめぐる問題が多様に出てきているのが、この時期の特徴でしょう。

　最近、少年による事件がマスコミによって数多く取り上げられていますが、それらの事件を引き起こす要因として、犯罪少年を生み出す家族生活の危機が盛んに叫ばれています。家族生活の変容に伴って家族の危機的状況が深化し、顕在化してきているのではないでしょうか。

　家族問題については家族の変容とのかかわりで見ていく必要があります。変容の意味を考えるために、家族生活が円満に営まれるための基本条件を考えてみることにしましょう。

生活資源の確保＝一定の収入があることは、家族生活を円満に営むための不可欠の条件です。次に、適切な人間的諸活動＝家事・子育てもまた不可欠であり、適切という意味は現在ではいろいろと多様ではありますが、人間的諸活動がまったくないというわけにはいかないでしょう。

さらに、関係の生産＝家族員相互のコミュニケーション、協同活動も不可欠であり、もしこれがまったくないとしたら家庭を完全に失った家族であると考えられます。不測の事態への対応もまた、家族生活を円滑に営んでいくには不可欠です。

家族生活を円満に営むという点から家族の変容を考えると、ひとつの家族だけで家族生活を円満に営むことが難しくなったことや、いろいろな面で無理をしなければ家族生活ができなくなったということがいえるのではないでしょうか。なぜなら、高度経済成長は確かに生活水準の向上をもたらしましたが、お金がなければ生活水準を向上させるどころか維持することもできないはずです。そのためには大人は稼ぐことに多くの時間を使い、子どももまた将来多く稼げるように、高学歴社会のなかで、受験勉強に多くの時間を使うのが今日の日本の姿だと思われます。

物質的条件の確保＝稼ぐことと人間的諸活動＝家事・子育て・コミュニケーションは家族生活の両輪ですが、前者に傾いた家族生活が多く、後者を大事にすれば経済生活が苦しくなり、両方をうまくやろうとすれば、わかっていても無理を重ねることにならざるをえません。

家族生活の変容によって人びとにもたらされた状況を、以上のように見るとすれば、家族生活がどんな課題に直面しているか、具体的な問い直しが必要なのではないでしょうか。

## 2．家族のなかの悲劇―介護者による高齢者虐待

　家族生活の変容によって、家族が直面した問題のひとつに介護者による**高齢者虐待**があります。高齢者虐待は、家族など身近な介護者による虐待と、施設や病院における介護サービス提供時の介護福祉士などの専門職による虐待の２つに大きく分類されます。ここでは、家族など身近な介護者からの虐待に焦点を合わせて考えてみることにしましょう。

　女性の社会進出の増加や家族の小規模化など、家族が介護機能を担いきれなくなっているにもかかわらず、わが国の高齢者介護は、配偶者や子ども、子どもの配偶者といった同居親族などの家族によって担われています。さらに、高齢期に突入した子どもが老親を介護する、また高齢期の配偶者が介護を担うといった「**老々介護**」状態になっている現状があります。家族が介護を担うために、働き盛りの介護者が退職、転職、休職することもあります。高齢者の介護を支援する機能は、老人福祉施策などの社会福祉サービスに依存するなど、家族機能の外部化傾向にありますが、いまだ十分機能しているとはいえません。2000年に家族介護の負担軽減を視野に入れて「**介護保険制度**」が実施されましたが、介護をきっかけとした高齢者虐待や心中、殺人事件が後を絶たずに発生しています。

　医療経済研究機構が厚生労働省に委託され、2003年11月から2004年１月にかけて、介護サービス事業所や病院など全国の在宅介護関係機関約１万6800カ所を対象に、高齢者虐待に関する初の全国調査を実施しました。その結果、家庭内で高齢者を虐待する加害者は、「息子」が32％でもっとも多く、「息子の配偶者（嫁）」21％、「娘」16％、「夫」12％、「妻」９％であることが明らかにされました。さらに、「生命にかかわる危険な状態」に至る事例が１割という深刻な実態が浮き彫りになる一方、虐待に気が付いた在宅介護支援の専門職

のうち9割が、対応は困難と感じていることもわかりました（『読売新聞』2004年4月19日朝刊）。

　日本福祉大学の加藤悦子講師の調査によると、1998年から2003年に発生し、60歳以上の人が被害者になった親族による介護殺人、心中事件は少なくとも198件あり、加害者は「息子」が37％でもっとも多く、「夫」34％、「妻」14％となっています。また、加害者の76％が男性、被害者の70％が女性だったとの結果も報告されています（『読売新聞』2006年10月3日夕刊）。

　家族は、深い感情的な係わり合いで結ばれた集団であることから、老親の介護を家族で行うことを希望することもありますが、他方、経済的な条件や世間体を考慮して家族のなかで介護を担わざるをえないなど、さまざまな状況があります。たとえみずから望んで老親の介護を引き受けたとしても、他の家族成員の無理解や、介護疲れに悩まされてしまうこともあります。言いたいことを言い合えるという家族関係が、要介護者を抱える家族にとっては逆効果になることもありえるのです。

　2006年4月に「高齢者の虐待の防止、高齢者の養護者に対する支援等に関する法律」（通称：**高齢者虐待防止法**）が施行されました。この法律では、高齢者の「尊厳の保持」のために、虐待の通報義務や市町村の立入調査などが規定されており、施設や在宅を問わずに、これまで見えてこなかった虐待の発見が期待されています。

　また、介護虐待の加害者となる可能性のある介護者への支援が示されています。この法律が施行されたことにより、介護虐待が未然に防止されること、虐待に苦しむ高齢者や加害者が減少することが期待されます。さらに、介護保険法の改正によって、高齢者の地域生活を支えるために、2006年4月から地域包括支援センターが各市町村に設置され、介護予防

計画や虐待の早期発見、相談業務などを行うようになりました。

　このように、高齢者虐待の防止や、介護者への支援体制が確立されつつある一方で、療養型病床の削減による医療難民の増加が社会的に問題となる可能性も示唆されています。家族の介護負担が増加する可能性が懸念されるのです。社会福祉制度や法律の整備も大切なことですが、医療制度の充実化も真剣に考えていかなければ、高齢者を取り巻く介護虐待の悲劇は解消されないのではないでしょうか。

さらに勉強したい人のために
藤崎宏子編『親と子　交錯するライフコース』ミネルヴァ書房，2000年．
井上俊編『岩波講座　現代社会学9 ライフコースの社会学』岩波書店，1996年．
染谷俶子編『老いと家族　変貌する高齢者と家族』ミネルヴァ書房，2000年．
四方壽雄編『家族の崩壊』ミネルヴァ書房，1999年．
飯田哲也『家族と家庭』学文社，1994年．

# 第8章

## 人びとの暮らすところ
―地域社会―

下山久之

　今日、社会福祉、介護福祉の分野において、ますます地域福祉の重要性が唱えられています。人びとが暮らす「地域社会」の特性を理解してこそ、地域福祉の展開も可能となります。社会学においては「農村社会学」、「都市社会学」などにおいて「地域社会」研究が進められてきました。この章では、いくつかの地域社会の形態とその特性、日本における地域社会の変化、そして地域福祉のキーワードとなる「コミュニティ」と、地域福祉の課題について考察していきます。

## I　地域社会の形態

### 1．村落共同体

　村落共同体とは、前近代社会において、共同体的土地所有を物質的基盤として形成されていました。自給自足を基本とする閉鎖的な集団であるといえます。マックス・ウェーバー（注1）は、村落共同体には、共同体の物質的基盤としての土地を外敵から守りながら、共同体を維持・再生産していくという経済的つながりと、これに対応して共同体メンバー以外の者を外敵とみなす「対外道徳」、そして共同体内部のメンバー間においては「困ったときはお互いさま」、「細かい計算は水臭い」などの相互扶助と平等の倫理を特徴とする「対内道徳」の二重性の道徳が存在することを指摘しました。人びとは、この村落共同体から離れて生活をしていくことは困難であり、生きていくためにも、共同体内のメンバーは互いに緊密な協力関係を維持していたのです。

（注1）
60頁（注3）参照。

村落共同体は、地縁・血縁を基本とする自然発生的な共同体であるともいえます。この村落共同体は、互いに助け合う相互扶助のシステムとしてだけではなく、相互監視のシステムとしても機能していました。村落共同体は税を請け負う単位としても機能していたため、共同体内のメンバーの離脱は、残された共同体内のメンバーに重い負担をかけることとなりました。そのため相互監視のシステムとしても機能したのです。

　村落共同体の倫理の二重性は、合理的な商業取引の倫理とは大きく異なるものです。そのため、産業革命以降、分業の進展とともにそれぞれの共同体相互の商業取引が活発化することにより、この倫理の二重性は次第に解体し、等価交換を基盤とする資本制生産が生み出される条件が形成されることとなったのです。こうして、産業革命によって起きた近代化により、村落共同体は解体されていきました。

## 2．農村と都市

　地域社会の典型は、「農村」と「都市」です。「農村」と「都市」を、職業（農民－非農民的職業）、環境（自然－人工）、地域社会の規模（小－大）、人口密度（低－高）、人びとの質（等質性－異質性）、社会的分化と成層（単純－複雑）、移動性（大－小）、相互作用の型（1次的・パーソナル－2次的・インパーソナル）という8つの指標を用いて概念区分を行った研究があります。農村と都市をこのように二分法的に区別する方法は、両者の典型的な特質を明らかにするのに役立ちますが、いずれの特質をも部分的に含みうる現実の地域社会の分析には、必ずしも有効であるとはいえません。しかし、これらの指標を、「農村的」－「都市的」を両極とする尺度として用いることは可能です。現実の地域社会を各指標により分析し、その地域社会の都市化の進展具合と地域の特性を明

らかにすることに役立つでしょう。

　農村的な地域から都市的な地域に、連続性があるとする地域社会の分析方法を「**農村都市連続体説**(注2)」といいます。この説では、農村から都市へ連続的に移行すると考えますが、現実的には農村社会の変動は、必ずしも都市社会へ向かうわけではありません。地域社会は、単純に農村から都市へと移行するのではなさそうです。

　しかしながら、一方でやはり、近代の産業社会は、都市化が著しく進んだ社会であることも事実です。次に都市化について見ていきましょう。

### 3．都市の発達

　都市の発達は、古代都市、中世都市など前近代社会においても見られましたが、その飛躍的な成長は、産業革命以降の「近代都市」に著しいといえます。機械制大工業の発展とともに、一定の空間地域に、労働者を中心とする高密度の人口集中によりできた地域社会が、近代産業型都市です。

　農村から都市へ人びとが移り住んだのは、農村には就業の機会がなかったことに加え、仕事や富、その他多岐にわたる商品やサービスのある都市が、有利で魅力的に見えたことによります。そしてますます都市への人口移動が進んだのです。

　このような夢に満ちた都市生活は、現実には厳しいものでした。19世紀から20世紀初期にかけて、都市が規模の面で急速に発達すると、都市地域の貧困層の生活状態が問題となって浮かび上がってきました。都市における貧困の広がりと、都市と農村の間に見られる著しい違いが、都市生活に関する最初の社会学的分析を促進することとなりました。近代の都市生活に関する社会学の主要な研究が、シカゴでなされたのはこのような背景によります。

　シカゴ大学社会学研究者からなるシカゴ学派(注3)による

(注2)
農村と都市は対称される概念であるため差異や区分に着目する分析と両者は量的な差であり連続するものとする分析がある。農村都市連続体説は後者である。

(注3)
アメリカを代表する社会学の研究者集団。シカゴ大学は、1893年に創設され早くから社会学部門を擁した。人種、民族、家族、逸脱行動、社会解体、職業、宗教など多岐にわたる研究を行っている。

と、次に見るように、都市化には2つの特徴的な傾向が見られます。

## Ⅱ 都市分析の2つの視点
### 1．同心円地帯理論

　シカゴ学派は、動植物がみずから環境に対して行う適応過程について研究する自然科学の考え方である生態学を、都市分析に応用しました。自然界では、生き物は大地の上に規則正しい形に分布する傾向が見られ、その結果、さまざまな種の間のつりあいや均衡が達成されます。都市においても、このような住み分けによる均衡が成り立つと考えたのです。

　近代都市の成長の第1段階では、さまざまな産業は、みずからが必要とする原材料の調達に適した、供給ラインに近いところに集まります。水路を利用した物流が多いため、主要な河川沿いに都市の中枢ができ上がります。

　人びとはこのような仕事場の近くに移り住み、都市居住者の数が増大するにつれ、居住者の質（人種、職種など）はますます多様化していきます。人口の増加と居住者の多様化により、生活の便益が増していき、便益を獲得するための競争が激しくなります。地価や資産税が上昇し、狭い住居や家賃の安い古い荒廃した住居でなければ住むことができなくなり、多くの人びとは、都市中心部やその近隣居住地区で生活を営むことが困難になります。やがて都市の中心部は、企業や娯楽産業が幅をきかせ、比較的裕福な人びとの住宅は、都市中心部の外周にそって新しく形成された郊外地区へと移っていきます。通勤に要する時間をできるだけ短くするために、この郊外地区は交通路にそって形成されるようになります。また、主要な複数の交通路がある時、その中間のエリアの開発は遅れがちになります。

　都市は、いくつかに細分化された同心円状の輪を形成して

いると考えることができます。中心区には、繁栄する大企業と荒廃し始めた住宅が入り混じるインナー・シティ地域があり、その外側には、早い時期に建設された近隣居住地域があり、雇用の安定した低所得労働者が居住する傾向にあります。さらにその外側に、高所得者層が住む郊外地区が形成される傾向が見られます。

　すべての都市にこの同心円地帯理論の分析が当てはまるわけではありませんが、この理論で、都市発達の一般的傾向を知ることができます。

## 2．生活様式としてのアーバニズム

　都市では、多くの人びとが、大多数の他人を個人的に知らないままに、互いに極めて近接して生活しています。都市居住者同士の接触は、束の間の部分的なものであり、関係を持つことそのものに意味があるのではなく、あくまでも手段であると考えられます。都市の居住者は、流動性が高い傾向にあるため、居住者間の結びつきが比較的弱いためといえます。このような都市の人間関係は非人格性を特徴としており、都市居住者相互の結びつきの欠如は生活様式としてのアーバニズムといわれます。そして、生活様式のアーバニズムは「生活の個人化」と「生活の社会化」という変化をもたらしました。

　生活の個人化とは、人びとが生活共同体のような集団に頼らずに生活する基盤が整い、個人単位で別々の生活スタイルを持ち、暮らしていくということです。そのためひとりひとりの個人は、個別の関心を追求する傾向が強くなります。人間関係が省略され、個人化が進行していきます。もうひとつの生活の社会化とは、人びとの生活が外部の施設や機関に依存する傾向のことをいいます。自給自足の生活は成り立たず、商品やサービスを購入するなど、外部機関との関わりなくしては、生活は成り立たなくなります。しかし、この外部機関

とは親密な個人的な関係を持つ必要はありません。対価の支払いというあくまでも非人格的な関わりがあればこと足ります。

これは都市において特徴的に見られる生活様式ですが、ヒト・モノ・カネ・情報の流動性が高い今日では、この生活様式が農村社会にも広がってきていることが指摘されています。都市化は「都市」社会という地域を越えて、「農村」社会にも影響を与えているといえます。近代の産業社会は都市化が著しく進んだ社会である、といわれるのはこのためです。

## Ⅲ 都市化の影響
### 1．社会解体論

　ヒト・モノ・カネ・情報の流動性が低く閉鎖的な農村社会が、産業化の影響を受け、その地域社会のメンバーが外部の産業や商業と接触するようになるにつれ、共同体としての統制力が弱まり、若い世代に確固たる伝統的な価値観や規範を教えることができなくなっていくことを「社会解体」といいます。この社会解体を考えるときに、鍵となる概念が「状況の定義づけ」です。人びとは、行動を起こすときに、その行動の手段や結果を考慮する精神的プロセスとして、「状況の定義づけ」を行うといわれます。それぞれの行う「状況の定義づけ」は、個人の性格によるところもありますが、同時に社会的価値観や規範によっても影響を受けます。

　共同体の解体とは、その地域社会のメンバーが伝統的に大切にしていた価値観とは異なる価値観や態度を学び、その結果、その地域社会が各個人に求める期待に応えたいという「社会的承認を求める願望」よりも、経済的理由など個人的欲求に従って「状況の定義づけ」を行うようになるときに始まるといわれます。

　社会解体は、社会の急激な変動や混乱がもとで、社会の側

の「状況の定義づけ」と個人の「状況の定義づけ」が分裂するときに起こると考えられます。この社会解体により、個人は分断化されていき、そして都市においてはこの社会解体がもっとも進み、それぞれの個人は共同体から切り離され分断していくと考えられました。確かに都市では、すでに見てきたように、生活様式としてのアーバニズムに示されているように「生活の個人化」が進み、それぞれの個人は、ある程度、地域社会からの拘束を逃れ、自由に生活しています。そしてひとりひとりの個人は、砂のようにサラサラとつながりが弱いようにも見えます。しかし、実際の都市では、社会解体が進むだけではなく、人びとが新たなつながりを作るきっかけを得て、親密で個人的つながりの強い集団を形成してもいるのです。

## ２．多種多様な下位文化の形成

都市居住者は、自分とよく似た生い立ちや利害関係を持つほかの人びとと協調して、地域的な結びつきを発達させることが可能であり、宗教や人種、政治などのさまざまな面で、みずからが選んで下位文化集団に加わることができます。その社会において主流をなす文化に対し、多種多様な下位文化（＝サブ・カルチャー）を形成することができるのです。これは人口密度が低く、人口規模の小さい農村では、難しいことです。

都市の内部で、人は自分と同じような言語や文化を共有する者たちが居住する地域に自然と集まり、少数民族による共同体が形成されることもあります。芸術家による共同体が見られる都市もあります。

都市は、見知らぬ者同士の世界でもありますが、それだけではなく、私的な関係を支え、かつ創出してもいます。都市での生活は、見知らぬ人びとと出会う公的な領域と、家族や

友人、職場の同僚などからなるもっとも私的な世界に分けることができます。都市に移り住んですぐの人は、人と知り合いになることが難しいかもしれません。しかし、いったん知り合いができ、その知り合いのネットワークや集団に加わると、一気に人びととのつながりが格段に増えていきます。現代の都市は、しばしば非人格的で匿名的な社会関係を伴いますが、同時に多様で、そして時として親密な人間関係を築き上げる場ともなっているのです。都市は、人びとのつながりを断つだけではなく、人びとのつながりを支援するシステムにもなるということです。

## Ⅳ 日本における都市化

### 1. 農村から都市への人口移動

　日本では、明治期に入り、産業革命を経験します。近代化と工業化を経験し、ある程度の都市化が進行しますが、産業革命を経験すると同時にすぐに農村から都市への人口の大移動が始まったわけではありません。日本で人口の大移動を経験する契機となったのは、1960年代の高度経済成長です。昭和初期には、全人口の7割が町村部に住み、3割が市部に住んでいたのが、高度経済成長期に入ると、市部に7割、町村部に3割というように、都市と農村の人口比が逆転しました。これを契機とし、それまでの村落共同体的体質が著しく解体されていくこととなります。日本は、とても短い間に、農村型社会から都市型社会へと変貌を遂げることになりました。

　高度経済成長期の人口移動は、都市における過密と農村における過疎という状態を引き起こしました。若年労働者の流出した農村では農業が衰退し、学校が廃校になり、そして高齢化率が一気に高まりました。都市の過密地では、住宅難、社会資本の未整備、さまざまな社会サービスの不足という状況を引き起こしました。このように、農村でも都市でも人口

移動が生活に大きく影響を与えることとなったのです。そして、この急激な人口移動は、農村においても都市においても共同体を崩壊させていきました。

若年層が流出した農村では、村祭りなどの伝統的な行事の担い手や労働力が大きく不足しました。消防団員などもいなくなります。互いに生活を支えあう相互扶助のシステムが機能しなくなっていったのです。他方、都市における新しい人口の流入は、それまでに培われてきた地域の暮らしをおびやかすぐらいの勢いをもっていました。新旧の住民の間で、住民同士の軋轢(あつれき)が生じることもしばしばでした。生活の個人化により、それまでの地域の規範はいつしか消滅していきました。生活圏を中心とする地域における社会関係が希薄化するなかで、社会関係を構築していくことが求められました。しかし、相互扶助のシステムであると同時に相互監視の機能を持つ村落共同体を復活させることは、だれも望まないでしょう。そこで新しい社会関係の構築を目指して提言されたのが「コミュニティ」という考え方です。1969年に国民生活審議会から出された報告書「コミュニティー生活の場における人間性の回復―」は、まさにその理念を示しているものです。

## ２．高度経済成長期以降

1973年の第１次オイル・ショックにより、高度経済成長は突然、終わることとなりました。この後は、経済の低成長の時代に入ることとなります。しかし、すでにこの時までに、日本の国民１人当たりの国内総生産(注4)（GDP）は、先進国の経済水準に達していました。

まだ高度経済成長期にあった1970年に、65歳以上の人口が全人口に占める割合を示す高齢化率が７％を超え、日本は高齢化社会となりましたが、さらに高度経済成長期以降にも高齢化率は上昇し、1995年には14％を超え高齢社会となりまし

(注4)
Gross Domestic Product
１年間に国内で新たに生産された財・サービスの価値の合計。国民総生産から海外での純所得を差し引いたもの。

第8章　人びとの暮らすところ―地域社会―

た。さらに、2006年には高齢化率は20％を超えました。

　また、高度経済成長期には人口移動が著しかったのに対し、それ以降は、進学・就職・転職などによる移動はあるものの、大きな人口移動はなく、定住化の傾向が高まっているといえます。

　このように高度経済成長期以降の日本社会は、非常に高齢化率が高く、人口移動の少なくなってきている社会であるといえます。しかも、今後、都市において急速に高齢化率が高まってくることとなり、高齢者世帯の増加と、そのなかでも独居高齢者の増加が予想されています。1947年から49年生まれの第1次ベビーブーム世代、いわゆる団塊の世代が65歳以上となる2015年には、高齢者世帯が1,700万世帯、うち独居高齢者がその約33％に当たる570万世帯になると予測されています。このような社会の変化に対応するために、今、地域社会の再生が求められているのです。

## V　新しい地域社会のあり方としての「コミュニティ」
### 1．主体的な人びとのつながりとしてのコミュニティ

　都市には、ひとりひとりの人びとを共同体から切り離してしまうという社会解体としての方向性だけではなく、同じようなことに関心を持つ人びとが集い、仲間や集団を形成することに寄与する力があることは、すでに述べたとおりです。この都市の持つ力を活用し、人びとの主体的なつながりをもとに形成されるのが、**コミュニティ**です。共同体という言葉が、村落共同体の概念と重なり、そこには相互扶助だけではなく相互監視のシステムもあわせ持っていたという負のイメージを払拭するために、しばしば日本語に置き換えずに「コミュニティ」のままに使用されています。このコミュニティの形成や活性化を担うのが地域福祉の役割ですが、ここでは「コミュニティ」と「地域」の関連性を考えていきましょう。

## 2．コミュニティが形成される場としての地域

　かつて地縁・血縁をもとに形成された村落共同体は、地域と深く関連していました。その地域に生まれた以上、そこの村落共同体に組み込まれることは当然のこととされていました。ここには、ひとりひとりの個人の「選択」の余地はありません。それに対し、コミュニティは、主体的なつながりを基盤とします。つまり「選択縁」であるといわれます。かつての村落共同体が、本人の意志に関係なく共同体メンバーとなり共同体の一部分となっていたのに対し、コミュニティは、参加する人の意志から始まります。人びとのつながりには多様な形態がありますが、そのなかでも相互扶助の機能を持つためにはある程度の地域性を必要とするでしょう。インターネットを介した人びとのつながりは、楽しみを共有し心の支えにはなっても、生活を支えあうつながりには発展しないこともあるでしょう。たとえ、「支えたい」という気持ちがあったにしても、距離が邪魔して実際に支援にはいたらないということもあります。実際の支援には、顔を合わせることのできる距離感も必要となるということです。そこでコミュニティと地域は、深く関連しあうこととなります。

## 3．「地域」と「行政区域」の違い

　「地域は、行政区域とは異なる」ということを留意しておかないと、地域福祉は異なる方向へ向かうこととなります。地域は、人びとの生活圏であると理解することができるでしょう。これに対し、行政区域は必ずしも人びとの生活圏とは重なりません。すぐそばに小学校があっても、それが隣りの行政区域にあるものであれば、その小学校に通うことはできず、離れた自分の所属する行政区域の小学校に通うこととなります。行政区域は、市町村という地方自治体のエリアを指します。行政区域に規定されたサービスは、税金を財源とし

ていることに関連しています。つまり税金を納付した地方自治体から、地方税を財源とするサービスを受けるということを基本としているのです。地域福祉は、地方自治体から提供される福祉サービスのことではありません。それは地域福祉ではなく「行政区域から提供される福祉サービス」であるといえます。

　税を財源とする福祉サービスは、ある程度行政区域のしばりを受けることとなります。地域福祉とは、このような行政区域を飛び越え、ひとりひとりの個人である地域住民が自由に参加できる相互扶助のシステムを指します。この地域福祉を担うのがコミュニティです。

## 4．コミュニティ形成のために

　このようなコミュニティ形成に関わったり支援するのが、市町村という地方自治体であったり、地方自治体ごとに設置されている社会福祉協議会であったりします。地方自治体や社会福祉協議会は、行政区域というしばりがあるため、コミュニティも、この行政区域内の活動におさまりやすい傾向が生じてきます。これが、地域福祉が発展しにくいひとつの課題であるといえるでしょう。行政をパートナーとしつつも、一度でき上がったコミュニティは、主体性を持ち行政区域を越えて、地域で自由に発展していくことが求められています。コミュニティが担う地域福祉は、住民参加型福祉のことを指すのです。行政から提供されることを待つ受身の姿勢では、住民参加型福祉はでき上がりません。ひとりひとりの個人が主体性を持ち、活動の主体となっていくことが、もうひとつの地域福祉発展の課題であるといえるでしょう。

　またコミュニティが存続するためには、その集まりが魅力あるものでなければなりません。そうでなければ新たな参加者が加わらず、自然消滅していくことになります。その組織

の活動が魅力あるものであり、また組織のマネジメント能力を持つことがコミュニティ存続の必要条件となります。これをコミュニティワークといい、地域福祉技術の大切な技法となります。コミュニティワークの技法を高めていくことも大切な課題といえます。

## Ⅶ これからの地域社会における介護福祉

### 1．新たな介護福祉の担い手の登場

　地域福祉の必要性から、さまざまな社会福祉、介護福祉の担い手が登場しています。この住民参加型福祉の動きが、1998年のNPO法の成立につながっていきました。また2000年施行の公的介護保険法により、国、地方自治体、社会福祉法人など、従来からの介護福祉の担い手以外にも、NPO法人、株式会社など新たな介護福祉の担い手が参入してくることとなりました。この新たな介護福祉の担い手が参入できる範囲は、社会福祉法に規定される第2種社会福祉事業という、居宅介護、通所介護事業などに限定されていますが、それでもこのなかには認知症高齢者対応グループホームなど、これからの介護福祉事業として注目を集めているものも含まれるため、大きな変化であったといえます。そしてなにより、地域福祉の必要性を感じた地域住民が、資金を出し合い、自分たちでNPO法人や株式会社を立ち上げ、介護福祉の担い手となっていくことが可能になったのです。

### 2．地域密着型介護サービス

　現在、従来の施設介護中心のあり方から、住み慣れた地域で最後まで暮らすことを支援する地域福祉、在宅福祉へと大きく比重が移されつつあります。この流れのなかで、地域密着型介護サービスも登場してきました。これから、ますます増えてくる独居高齢者であっても、住みなれた地域で暮らし

続けることができる介護サービスとして、その重要性は増してくることでしょう。従来からある通所介護サービスであるデイサービスに加えて、日中は自宅で過ごすけれども、夜間は心配だから専門職のいる施設で眠りたいという人のためのナイトサービスも登場してきます。逆に、入所施設を利用しているけれども、日中はボランティアや家族とともに、地域のお祭りや孫の小学校の運動会に出かけてくるということも当たり前になってくることでしょう。

　このように考えていくと、今後、施設介護と在宅介護の境界線は、明確なものではなくなってきます。従来の施設介護で、いったん入所したら基本的には施設のなかで完結した生活を送り続けるというスタイルから、施設へ入所しても地域社会とのつながりを大切にしながら暮らし続けるスタイルが求められてくることでしょう。このような変化のなかで、介護福祉士は、施設のなかでのみ介護福祉の業務に従事するのではなく、施設以外でもその専門性を発揮できることと、狭く身体介護のみではなく、地域社会や家族との関係調整などのソーシャルワークも果たすことが求められてきます。

　人びとが暮らす地域社会は、時代とともに変化していきます。その変化に応じ、地域社会で必要とされることも異なってきます。それらの変化に応じ、介護福祉には何が求められるのか考え続けていく必要があるでしょう。

さらに勉強したいひとのために
アンソニー・ギデンズ『社会学』而立書房，1992年．
上野千鶴子『老いる準備』学陽書房，2005年．
武川正吾編『地域福祉計画』有斐閣，2005年．

# 第9章

## 組織とそのなかで働く人びと
―組織と専門性―

下山久之

　サラリーマンは、企業という組織のなかで就労しています。介護福祉士は、多くの場合、公的介護保険で指定を受けている福祉施設や保健施設、あるいは病院で勤務しています。居宅介護サービスのようにサービス利用者の居宅へ専門職が一人で訪問しサービスを提供する場合でも、訪問介護事業所に属し、そこで他のサービス提供者と連携をとりながら仕事をしているでしょう。このように雇用されて働く人びとは、組織のなかで他の人びとと共に働いているというのが一般的です。

　人びとが働く「組織」には、どのような特徴やタイプがあるのでしょうか。またそれぞれの「組織のなかの人びと」はどのような働きをしているのでしょうか。

　この章では、人びとが働く「組織」と「そのなかで働く人びと」について考察していきます。

## I　組織とは

### 1．組織の特徴

　**組織**とは、特定の目的を達成するために計画され、非人格的なかたちで運営される、規模の大きな、人びとの結合体のことを言います。それぞれの組織には「目的」があります。それを達成するために共通の目的を持った人びとが集まった集団(注1)が組織です。その目的を達成するために「計画的な運営」をされることが多いでしょう。その方が目的は達成されやすいからです。明確な目標を持って設立され、その目

(注1)
集団は継続的に相互行為する何人かの人びとの集まり。これに対して、集合はバスの列を待つような共通のアイデンティティ意識のない人びとの集まり。

的実現のために必要な建物などの環境を整えます。病院や大学、企業が活動している建物は、注文建築であることが多いのです。それは目的にそった環境が、目標達成を容易にするからです。現在は、インターネットの普及により建物を持たない組織も現れています。しかし、建物はなくてもホームページ上やネットワークのなかで、人びとの繋がりが作り上げられ、組織の一部分である部署が、連関を持った構造として作り上げられているのです。組織は、複数の人びとが結合したものであるため、人柄や個人的な思いにより運営されるのではなく、それぞれの部署が機能的に運営された「非人格的なかたち」となる傾向がみられます。規模の小さなままの組織もみられますが、その目標達成のため人びとが集まり、規模が拡大していくというのも一般的にみられる傾向です。

## 2．現代社会における組織

　産業化以前の社会では、家族や近い親戚や隣人が、食べ物や子どもの教育、仕事や余暇活動など、生活に必要なものの大半を賄っていました。ある程度、自己完結しながら生活していたと言ってもよいでしょう。しかし、現代社会では、人びとは昔に比べはるかに相互依存性を強め、人びとの生活が自己完結することはありません。必要な物品は、顔を見たこともないはるか遠くの地域の人びとが供給してくれるというのは、ごく一般的なことでしょう。このような状況では、さまざまな組織が供給する活動や資源を、大規模に調整していくことが必要になってきます。そのための組織がまた必要になってくるのです。このように今日の社会では、相互依存性が高まり、より複雑に組織と組織が連関した社会構造がつくられています。

　介護福祉士が就労する介護施設もこのような「組織」のひとつと言えます。

# Ⅱ 官僚制
## 1．官僚制の特徴

　現在の社会で見られる近代的組織は、かなりな程度、官僚制的性格を有していると言われます。**官僚制**という用語は、1745年にド・グールネが創案したものです。当時は「官公吏による統治」のことを指していましたが、次第に拡大適用されて大規模な組織一般を指すようになっていきました。この概念は、当初非難の意味をこめて使われていました。確かに官僚制には、融通のきかなさなどの弊害も見られますが、慎重さや正確さ、効率的な管理のモデルであるとも考えられます。ドイツの社会学者マックス・ウェーバー(注2)は、近代社会では官僚制の拡大が不可避であり、官僚制的権威の発達は、大規模な社会システムの有す統治上の要件を処理する唯一の方策であると考えました。そして官僚制の特徴を次のように整理しています。

(注2)
60頁（注3）参照。

① 明確な「権限の階層性」が存在し、それにより組織のなかでの業務は「職務上の業務」として配分される。官僚制は、その頂点に最高の職務権限を有す地位が位置する、ピラミッド構造をなしている。
② 「成文化された規則」が、組織のあらゆるレベルで職員の行動を統制している。
③ 職員は専任で有給である。階層上のおのおのの職務には、その職務に付随する一定の俸給が与えられる。人びとはその組織のなかで、出世することが期待される。
④ 職員の組織内での業務遂行と組織外での生活とは分離されている。職員の家庭生活は、職場での活動とはっきり区別され、また物理的にも分離されている。
⑤ 組織の成員はだれでも、自分が仕事で使用する物的資源を私有することはない。官僚制的組織では、職員は自分たち

が働く事務所や机、使用する事務機器を私有することはない。

## ２．官僚制の利点

　ウェーバーは、官僚制を上記のように整理した上で、多数の人びとを組織化するために非常に効果的な様式である、と論じています。その理由は次の４点となります。

①官僚制的手続きは、ある面では進取な行動を制限するが、同時にまた意思決定が、個人の思いつきや気まぐれではなく、共通の基準によってなされることを保証する。

②職員をその職務管轄領域の専門家に養成することで「能力はあるが専門知識を持たない人間」は排除され、全体の職務遂行のレベルが確保される。

③職員の身分を有給かつ専任とすることで、不正行為の可能性が完全に除去されないまでも少なくなる。自分が保持する権限を利用し、私的な利益を得ることを防止するために職員の生活を保障する必要がある。

④職務遂行能力が、試験等の公的手段によって判定されるという事実は、個人的関係や親族関係による地位の獲得を、完全には阻止しないまでも、ある程度は減少させる。

## ３．官僚制に伴う弊害

　組織は、官僚制を追及していけばいくほど、その設立目的をより効果的に追求できるようになると、ウェーバーは考えていました。また官僚制を精巧な機械になぞらえて説明しています。しかし、一方、官僚制の弊害にも言及しています。官僚制が、「繁文縟礼（はんぶんじょくれい）」という問題を引き起こすことや、多くの官僚制のもとでは仕事が単調で創造的能力を発揮する機会をほとんど持たないことも認めていました。官僚制は、トップダウン式の指示系統と組織構造を持ちます。官僚制の弊

害を解消していくためには、この意思決定の過程と組織構造を見直していく必要があります。

それでは、介護福祉士が就労する介護施設も、この官僚制に当てはまるでしょうか。通常、病院は著しく官僚制化された組織であるといわれます。しかし介護施設は、ある程度この官僚制に当てはまるといえますが、官僚制的組織にはなり切らない部分があります。介護施設が官僚制的組織となり切らないのには、そのなかで提供される専門性に理由があります。

## Ⅲ 医療・福祉における専門性と専門職性

### 1．専門職支配の構造

高度に専門性を高めた医療においては、医療従事者とサービス利用者の持つ知識に大きな隔たりがあります。サービス利用者は、サービスを受けることを決めるまでは主体性を持ちますが、一度、診療場面に入ると高度な専門的知識に基づき医師が状況を判断していくようになります。そして医師の診断に基づき、治療が開始されていきます。もちろん、途中に医師からの説明は入りますが、高度に専門的な内容であるため、サービス利用者は十分に内容を理解しているとはいえない場合が多いでしょう。その後の治療では、医療関係者が業務を遂行しやすいように、サービス利用者である患者が協力していくという主従関係の逆転がみられます。医療関係者が決定権を持ち、患者はその指示に従っていくという現象を「**専門職支配の構造**」といいます。医療関係者は悪意を持って患者を支配するのではなく、むしろその高度な専門性に基づき責任感を持って業務を遂行するなかで、結果として患者を支配していたという構造に陥ってしまっているのです。高度な専門性には、このようにサービス利用者の主体性を奪いやすいという危険性が伴います。

看護と介護では、看護の方がより専門性は高い、と考えられる傾向にあります。これが事実であるかどうかはともかく、看護と介護では、より看護の方がサービス利用者の主体性を奪う傾向にあるということは言えそうです。病院では、サービス利用者もその一部として組み込み、官僚制的組織が構築されているのです（図9-1）。

図9-1　官僚的組織

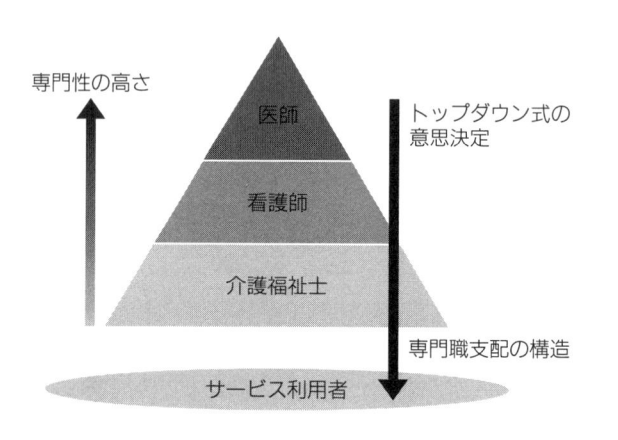

```
          専門性の高さ
              ↑
                    ┌───┐
                    │医師│          トップダウン式の
                    └───┘          意思決定
                  ┌───────┐
                  │ 看護師 │              │
                  └───────┘              │
                ┌───────────┐            │
                │ 介護福祉士 │            ▼
                └───────────┘
                                    専門職支配の構造
            サービス利用者
```

## 2．専門職性を高めることの弊害

　サービス利用者から主体性を奪うことが、より高い専門性を兼ね備えていると考えられる時、その専門職の優位性を示すために、サービス利用者から主体性を奪い、そして専門的業務において他の専門職に対して排他的になることがあります。これはサービス利用者のために専門性を高めるというのではなく、専門職として官僚制的組織において階層を一段上げようとしている政治的な活動であるといえます。このような活動は、専門職性(注3)を高めることはできますが、サービス利用者にとって不利益となる危険性があります。官僚制的組織のなかで、他の職種とライバル関係となり排他的にな

（注3）
専門性と専門職性は異なる。専門性は、分化した知識と技術の体系を指すが、専門職性はその専門性を有し、それを職業とする職能集団の有り様を指す。専門職集団は、自分たちの利益を拡大するために政治的に働くこともある。専門性を高めることと専門職性を高めることを混同せず、サービス利用者のための専門職としてのあり方を考えていく必要がある。

ることが、サービス利用者を蚊帳の外においたものである時、それはサービス利用者に迷惑な行為に他ならないでしょう。

## 3．オールド・カルチャー

　サービス利用者の主体性を奪う「専門職支配の構造」に陥ってしまう専門職たちを「**古典的専門職**」といいます。そしてこのような古典的専門職によりサービスが提供されている状況を、イギリスの社会心理学者トム・キットウッド(注4)は「**オールド・カルチャー**」と呼びました。

　病院が著しく官僚制的組織としての構造を持っているということは先に述べました。官僚制的組織では、より上層部にいけばより大きな権限を得られます。病院内で働く看護職と介護職は、時に、微妙な緊張関係に陥ります。より高度な専門性を持つと考えられている看護職が上位となり、介護職に指示を下すという上下関係は、病院内ではそれ程、珍しいものではありません。介護職が十分な介護福祉の専門性を発揮できない時には、いつしか「看護助手」の位置づけとなっていくのです。そしてその介護助手の下にサービス利用者である「患者」が位置していきます。

## 4．生活を支配されることの不自由さ

　急性期医療の場合、多少この専門職支配の構造がみられても、完治した後、患者はその支配構造を逃れ、元の日常生活へ戻っていくことができます。しかし、長期の療養生活や障害や老いを抱えての生活のなかに、この専門職支配の構造が持ち込まれるとサービス利用者の生活の質は著しく引き下げられることになります。一生涯、この支配構造から逃れられず主体性を奪われ続けることも十分に考えられます。生活の支援である介護福祉のなかに「専門職支配の構造」を持ち込まないようにするためには、サービス利用者である当事者の

(注4)
Tom Kitwood
1937～1998年。イギリス人。社会心理学者として認知症の人のとる行動を、疾患としての認知症のみに還元して考えるのではなく、家族や介護者という周囲の人びとや環境との相互作用の結果として理解することを提唱した。主な著作、『認知症のパーソンセンタードケア』など。

話に耳を傾けることが必要です。

## 5．新しい専門性

　アメリカの心理学者カール・ロジャース（注5）は、悩みを抱え相談に来た人に対しアドバイスをするのではなく、十分にその人自身の話に耳を傾けるように説きました。専門職のもとへ相談に来た人は、専門的知識を持たないために状況を変えられず困っているので、どのように対処すればよいかアドバイスを与えるべきでないかと考えがちです。しかし、そうではなく、その人自身の話に耳を傾け丁寧に聴くことで、相談に来た人は自ら立ち直っていくというのです。この時、もちろん専門職であるカウンセラーは、専門性を持って丁寧に話を聴いています。この支援を受けて、当事者は自らの問題を見つめなおし、ゆっくりと整理しなおしていきます。表面的にはカウンセラーは、話を聴くだけで何もしていないように見えますが、目の前にいるカウンセラーとの関係性のなかで安心して、自分の問題と向かい合うことが出来た時、サービス利用者は十分な支援を受けていたということが出来るでしょう。カール・ロジャースの提唱した「来談者中心療法」は「パーソン・センタード・アプローチ」ともいわれます。サービス利用者から主体性を奪わない「新しい専門性」がここに提示されています。

## 6．パーソン・センタード・ケアとニュー・カルチャー

　このカール・ロジャースの考え方を認知症ケアに用いて、トム・キットウッドは「**パーソン・センタード・ケア**」を提唱しました。認知症の人を中心にすえ、丁寧に話を聴き、当事者の思いに応える形でケアを提供していくことを「その人中心のケア」という意味でパーソン・センタード・ケアと呼んだのです。パーソン・センタード・ケアには3つの次元の

（注5）
Carl R. Rogers
1902〜1987年。アメリカ人。現象学的心理療法を提唱し、実践した。主な著作、『人間論』、『エンカウンターグループ』、『人間の潜在力』など。

定義が含まれます。①疾患である認知症そのものに焦点をあてるのではなく、その人自身に焦点を当てていくこと、②施設や病院内の業務中心ではなく、生活者である認知症の人中心の生活を構築すること、③専門的知識を用いて認知症の人の主体性を奪うのではなく、専門的知識は認知症の人のために使うこと、以上の３つです。この中で３つ目の定義である「専門的知識を用いて認知症の人の主体性を奪うのではなく、専門的知識は認知症の人のために使うこと」は、専門職支配の構造に陥らないという自戒を込めた宣言であるといえるでしょう。新しい専門職のあるべき姿を示したものです。そしてこの考え方に基づく専門職の連携が図９-２となります。サービス利用者を中心にすえ、当事者の思いを実現するために多職種が連携を図ることを目指します。このパーソン・センタード・ケアが提供されている状況を、トム・キットウッドは「**ニュー・カルチャー**」と呼びました（図９-２）。

図９-２　パーソン・センタード・ケア

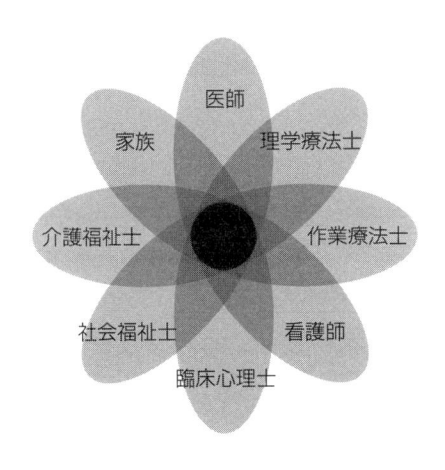

中心の円は、サービス利用者　当事者の思いを中心にすえたサービス

### 7．官僚制と介護施設の目的

　生活者を中心にすえ、その人らしく生活している介護施設の様子は、とてもほのぼのしていて「非人格的」ではありません。時間の流れもゆったりしていることでしょう。その意味で、官僚制的組織の特徴と介護施設の目的とは、相容れない要素があります。そのため介護施設は、ある意味で官僚制的組織ではないと言えます。

　しかし、官僚制的組織ではないことが必ずしもよいとは限りません。組織である以上、ある程度、組織の目的達成のための効率性を追求し無駄はなくしていかなければなりません。それでは、官僚制の利点と介護施設の目的は、どのようにすれば調和されていくのでしょうか。それを考えるために「働くということ」について考えてみましょう。

## Ⅳ　働くということ

　どの社会においても、ほとんどの人にとって、労働、つまり働くということは他のどのような活動よりも生活の中で大きな比重を占めています。伝統的文化では、大多数の人びとが主に食糧の採取と生産という同じ仕事に従事していました。労働とは、人びとの要求を満たす物的財やサービスの生産を目的とした課業を、心身を費やしながら遂行することと定義できます。職業、つまり「職務」は、一定の賃金や給与との交換でなされる労働のことです。労働は、すべての文化で、物的財とサービスの生産と分配をもたらす諸制度からなる「経済システム」、つまり経済の基盤となっています。

　産業革命以降の社会における経済システムの最大の特徴は、きわめて複雑かつ多様な分業の発達です。これは、今まで見てきた専門性の高まりとその専門性を追求する組織化の進展として現れます。この分業化が進むなかで「労働と疎外」という問題が起きてきました。

## 1. 労働と疎外

　ドイツの思想家であるカール・マルクス(注6)は、分業は多くの人びとにとって労働を退屈で興味の湧かない課業に変えたと指摘しています。もともと労働の全体像を把握し主体者として自分自身の要求を満たすために労働をしていたのが、分業により労働の一部分を請け負い、他者からの指示を受け、その要求を充足させるための手段としての労働となった時、労働の意味が大きく変わってしまいました。働くことを通して、十分な満足感が得られないというのです。分業化により、仕事が労働者にとって「外在化」してしまったことに問題があるとマルクスは考えました。仕事は多くの人にとって人生のなかで、時間的にも精神的な意味合いにおいてもかなりの比重を占めます。働くということの意味が、大きく変わり労働者にとって意味のないものになった時、労働者の人生そのものの意味が見出せなくなっていくのかもしれません。このことをマルクスは「労働と疎外」と表現し、問題視しているのです。

　このマルクスの見解に従えば、分業化が進展した状態、つまり官僚制的組織は、そのなかで働く人びとにとって仕事に意味を見出しにくい状態となる可能性が高いと言えます。

## 2. 労働の3種類──知的労働・肉体労働・感情労働

　また労働には**知的労働・肉体労働・感情労働**という3つの側面があります。その3つの側面のうち、より比重が高い部分を指して知的労働、あるいは肉体労働と呼ばれているのです。コンピュータのシステム・エンジニアは知的労働に分類され、そして大工は肉体労働に分類されるでしょう。しかし、どの仕事をとってもひとつの分類に収まりきることはありません。労働には、3つの要素すべてが含まれると考えられます。そして3つの要素を含むことにより、働く人にとって満

(注6)
Karl H. Marx
1818～1883年。ドイツ人。科学的社会主義としてのマルクス主義の創始者。主な著作、『資本論』、『共産党宣言』、『経済学批判』など。

足感を得られるものになっていると言えるでしょう。

　看護や介護の仕事は、知的労働でもあり、身体を使うという意味から肉体労働でもありますが、同時に感情労働としての側面も非常に強いと言えます。手術を目前に控え不安を感じる患者は、人との交流を通して安らぎを得ることもあるでしょう。**感情労働としての看護や介護**という視点で、それらの専門性をみる時、今までと違った姿が見えてくるかもしれません。

　もともと労働には、この3つの側面が含まれますが、分業によってやはり比重に偏りが出てくるでしょう。この意味においても「労働と疎外」が起きてくると考えられます。感情を伴わない単調作業は、人を機械化していると見ることもできます。その単調作業を通して、仕事から直接どのぐらいの満足感が得られるかについては、大きな期待はできないでしょう。

## V　官僚制の利点と介護施設の目的の調和

　「労働と疎外」という観点からみると、分業化が進み高度に専門化した官僚制的組織は、そのままでは働く人にとって「やりがいのある職場」にはなりにくいと言えます。また介護施設の目的からみても、やはり官僚制的組織のあり方は介護施設には向かないようにも思えます。それでは、介護施設に官僚制的組織の要素はまったく活用できないかというとそうではありません。

　介護施設のなかの、まさにサービス利用者に関する直接の「対人援助サービス」の部分と、サービス利用者には直接関わらない業務でルーティン化できる部分に分割していくと、後者には官僚制的組織としてのシステムが活用できます。この部分はできるだけ無駄を省き、効率的にしていく必要があります。そしてサービス利用者と直接関わる部分に関しては、

生活の流れを細切れにせずに、ともに過ごすことが大切になります。パーソン・センタード・ケアの2つ目の次元の定義である「施設や病院内の業務中心ではなく、生活者である認知症の人中心の生活を構築すること」からみても、この部分は官僚制の考え方ではない方がよいでしょう。

またサービス利用者に直接関わる仕事においては、できるだけ生活の流れ全体を職員がともに過ごすようにし、生活単位を細切れにしないことが重要でしょう。つまり排泄ケア担当、食事介助担当、入浴介助担当のように生活支援を細切れにしないということです。同一の職員が、一連の生活支援を行っていくようにするとよいでしょう。サービス利用者と介護職がともに時間を共有することにより、ゆったりとした時間の流れが出来上がってくるでしょう。共にあり、そのゆったりとした時間を分かち合うことが介護福祉の大切な仕事であり、それを行うことを通してサービス利用者のひとりひとりのその人らしさを支援していくことが介護福祉の専門性です。表面上はあたかも何もしていないように見えながら、サービス利用者の持つ力強さが引き出され、いきいきと過ごすことができていれば、**「新しい専門性」として介護職**が機能していると言えるのだと思います。

サービス利用者には直接関わらない業務でルーティン化出来る部分を官僚制的組織としてのシステムで構成し、これを根と茎と葉とすると、まさにサービス利用者と直接関わる部分がひとつひとつの花であり、これはゆったりとした時間の流れで介護福祉の専門性が発揮されるところです。このひとつひとつの花を見事に咲かせていくためにも、しっかりとした根と茎と葉により組織が構成されている必要があります。そのためには土台を構築する官僚制的組織としてのシステムも重要となります。

## 1．小規模施設での試みを大型施設にも応用

　このような介護福祉の専門性が発揮されやすいように、現在、グループホームやユニットケアなど小規模単位でのケアの提供が試みられています。そしてよい結果を出してもいます。確かに小規模単位である方が、介護福祉の専門性は発揮されやすいでしょう。しかし、大型施設ではまったく介護福祉の専門性が発揮できないわけではありません。大型施設のなかに小さな生活単位を形成し、その小さなグループ毎に生活を共にする介護職がつき、直接の生活支援ではない部分に関しては、官僚制的組織としてのシステムを活用していくことが出来るでしょう。介護施設を「組織」として機能分析していくことで、きっと改善点が見出されてくることと思います。

## 2．一つの生活単位の中で、一つの基本的生活を完結

　生活単位を小さくしていき、その生活単位のなかで基本的生活を完結していくようにすると生活が細切れ状態にならないでしょう。そしてその単位で生活支援をする介護職も仕事が細切れに分業化せずに、全体を把握することができます。この生活単位のなかにある一定の権限が持たせると、より一つの単位としての自律性が高まります。共に身体を動かし、共に考え、そして共に笑いあうことによって、介護職として**働くことの全体性**を感じることもできるでしょう。この生活単位を大切にしながら、地域へ出かけたり、時には地域の人びとが訪ねて来たりすると、本当にごく普通の生活となっていきます。こうしてノーマライゼーションという福祉の理念が、日常生活のなかで具現化されていくこととなります。

## 3．同僚性の構築をめざし組織の活性化を

　同じ職種に限定せずに、共に働く組織内の人びとと自由な

意見交換をし、悩みを持ち寄り、話し合い、支えあう体制を**同僚性**と言います。同僚性が構築されている組織では、実践に即した柔軟な考え方がなされる傾向がみられます。また実践に即したアイデアを現場から提言し、それが**ボトムアップ式に組織の意思決定**に反映されていきます。硬直した組織から、現場の実践に根ざした柔軟な組織へ移行していくためには同僚性の構築が不可欠となります。そのためには、実践に基づき話し合う機会を定期的に設けることも必要です。支えあうシステムができた時、ひとりひとりの専門職が連帯し、より大きな力を発揮していけるようになるのでしょう。

さらに勉強したいひとのために
アンソニー・ギデンズ『社会学』而立書房，1992年．
トム・キットウッド『認知症のパーソンセンタードケア』筒井書房，2005年．
スー・ベンソン編『パーソン・センタード・ケア』クリエイツかもがわ，2005年．

第**10**章

# 社会の見つめ方
―社会調査という方法―

矢原隆行

　私たちが日々生活しているこの世の中のことについて、ある個人が何かを直接に見聞きして知ることのできる範囲は、時間的にも、空間的にも、数量的にも、内容的にも、とても限られています。しかし、私たちは、「現在、国内にどのくらいの数の高齢者が存在しているのか」といった全国レベルでの実態や、「介護職に外国人労働者を受け入れることについて認めるかどうか」に関する現在の人びとの意識、あるいは「障害者家族の主観的世界のありよう」を示すさまざまな語りなどについては、文献やインターネットを通してふれることが可能です。これらの情報は、「社会調査」という方法を用いて把握された社会的世界の一側面です。そこで用いられている具体的な調査方法について学ぶことは、それらの社会調査から情報を適切に読み解くために参考になるばかりでなく、実際に介護の現場でさまざまな情報の収集・分析を行ったり、介護の専門性を高めていくために不可欠な「介護研究」を行ったりする際にも、大いに役立つことでしょう。

　この章では、私たちが日々生活する社会を見つめ、読み解くための社会調査の方法について紹介していきます。

## I　さまざまな社会調査

　一口に「社会調査」といってもさまざまな種類があります。さらに、その種類も、「どのような方法で」、「どのようなデータを」、「何のために」集めてくるのか、というふうにいく

つかの観点から分類することが可能です。

## 1．量的調査と質的調査

　一般に、社会調査を分類する場合、まず大きくは「量的調査（統計的調査）」と「質的調査（非統計的調査）」の2つに分類することができます。**統計的調査**は、比較的多数の研究対象に対して一定の標準化された形式でデータを集め、統計的分析を行うことにより一般化を行うものです。よくテレビのニュースや新聞などで見かける「現在の内閣支持率は○％」といった世論調査や、官庁が行う国勢調査、家計調査、学校基本調査なども統計的調査の一種といえます。これに対して、一般に「**質的調査**」と呼ばれる非統計的調査は、比較的少数の研究対象について、数値に還元しきれない多様な形式のデータを集め、その内容について分析を行います。ある種の面接や参与観察、介護研究の分野で「事例研究（ケーススタディ）」として比較的普及している研究方法は、この質的研究法の一種といえます。調査方法の分類としては、一見、対照的な位置づけにあるこの両者も、実際の社会調査の場においては、必ずしも対立するものではなく、調査者は、その双方の利点をいかしながらうまく組み合わせて活用することが大切です。

## 2．データ収集方法による分類

　さらに、もう少し具体的に社会調査のタイプを分ける場合、調査データの収集方法によって次のように分類することが可能です。

### 1-1　調査票調査

　調査事項や回答記入欄などをあらかじめ記載した同一フォーマットの調査票を用いる調査です。これは、一般に「アンケート（enquête）」とよぶものです。この方法では、1度

に多くの対象から同一形式のデータを得ることが可能であり、また、一般に匿名での回答が可能なため、答えにくい質問も回答が得やすい場合がある、といったメリットがあります。ただし、調査票の回収方法によっては、その回収率が低くなること、こちらが設定した選択肢の範囲内での回答しか得られないこと、などのデメリットや限界も存在します。

調査票の回収方法によって、さらに、①「**郵送調査**」(質問紙の配布・回収ともに郵送により行う方法で、調査員を必要としません。調査対象者あてに質問紙を郵送し、対象者各自に記入・投函してもらい回収します)、②「**郵送留置調査**」(質問紙の配布のみ郵送により行い、記入された質問紙の回収は調査員が訪問して行う方法。郵送調査に比べると、調査員が直接面会する機会があり、記入ミスなどをその場で確認することができるという利点があります)、③「**留置調査**」(調査員が対象者を訪問して質問紙を配布し、記入を依頼し、後日記入済みの質問紙を回収する方法。上の2つに比べるともっとも手間はかかりますが、対象者に十分な説明を行うことができ、確実な回答を得られる確率は高くなります)、④「**集合調査**」(調査対象者に1カ所に集合してもらい、対象者が調査員の指示に従って一斉に質問紙に回答を記入する方法。調査員側の手間があまりかからず、その場で回収するわけですから回収率も高くなります)、といったタイプ分けも可能です。さらに最近では、インターネット環境の充実により電子メールやウェブサイト上での「**インターネット調査**」という方法も普及しつつあります。

### 1-2　面接調査

面接によるデータ収集は、一般に「インタビュー (interview)」とよばれ、さまざまな研究やメディアなどの情報収集の場面で頻繁に用いられています。一般に調査対象者と対面し、口頭によりデータ収集を行う方法で、基本的には直接

対面して行いますが、場合によっては電話を用いる電話調査などもあります。

　主に量的データの収集を目的とする面接は、「**指示的面接**」あるいは「**構造化面接**」とよばれ、具体的には、あらかじめ準備した調査票に基づいて一定の質問を順番にたずねていき、それに対する回答を面接者が逐次記録していくというスタイルをとります。こうした方法で面接を行うことにより、複数の面接者が別々にデータ収集する場合や、あるいは1人の面接者であってもその場の雰囲気や気分に左右されることなく、形式的同一性を保ったデータを収集することが可能となるわけです。

　こうした指示的面接に対して、主に質的データ収集のために行われる面接を「**非指示的面接**」あるいは「**非構造化面接**」とよびます。この方法では、指示的面接とは異なり、質問の順序や内容を調査対象者とのやりとりのなかで臨機応変に変えていくことができます。逆にいえば、面接者は、調査対象者との話の流れや、調査対象者が示す非言語的な情報（話すときの表情や態度、沈黙など）を感じ取りながら、研究テーマにとって意義があると思われるストーリーをその場その場で展開していく能力を必要とします。非指示的面接では、1度に複数調査対象者と話し合いを進めながらデータ収集を行う「**集団面接**（group interview）」も用いられます。この方法は、1度に多様な意見を聞くことができ、調査対象者の側の相互作用や能動性が導かれることにより、面接者との1対1では現れなかったテーマが展開される可能性があるという利点がありますが、他方で、雄弁な人や知識の多い人の意見に全体が引きずられることもあり、やはり面接者の力量が必要とされます。

### 1-3　観察

　広い意味でいえば、どのような方法を用いて収集されたも

のであれ、あらゆるデータはだれかによって（ときには研究対象者自身や第三者によって）「観察」されたものです。データ収集方法の一種としての観察はもう少し狭い意味のものですが、とりわけ研究対象者との会話や文字によるコミュニケーションが困難な状況においては、この観察という方法がきわめて重要となります。

観察により量的データを収集する場合、自然科学における実験のようになんらかの測定器具を用いてその数値を記録する方法であれば、収集されるデータは比較的明確ですが、そうした器具を用いず文章などで記録を残していく場合、大雑把な印象や漠然とした記述を重ねていくと、データ収集を行う人によりデータの内容に大きな差が出てしまいます。そこで観察により量的データを収集する場合には、観察する事項、場面、時間、記録方法などが標準化された観察記録で蓄積できるよう、明確な評価基準や一定の書式を準備しておく必要があります。

そうした観察が「**統制的観察**」とよばれるのに対し、質的データ収集のための観察では、「**非統制的観察**」とよばれる方法も用いられます。ここでは観察の枠組みはあらかじめ明確な基準を設定していないので、観察者の自由に委ねられる部分が大きくなります。非統制的観察は、「**非参与観察**」と「**参与観察**」の2つに大きく分けられます。非参与観察では観察者が部外者として研究対象を観察するのに対し、参与観察では観察者が研究対象の一員として一定期間生活をともにしながらさまざまな観察を行います。後者は、一般に「**フィールドワーク**（fieldwork）」とよばれることもあります。まさにフィールド（現場）に身を置き、五感を駆使してデータを収集するわけです。

以上の3つのほかにも、社会調査においては、手紙、日記、

新聞・雑誌記事といった既存の文書や記録を収集して、それをデータとして分析したり、官庁統計など、すでに統計にまとめられたデータを再分析したりすることもあります。

## Ⅱ 調査における倫理

　前節において見てきたさまざまな社会調査のいずれの方法を用いる場合にも、必ずふまえておくべきことが「**調査倫理**」の問題です。介護職の分野でも、たとえば「日本介護福祉士会倫理綱領」（1995年11月17日宣言）に介護福祉士としての倫理が定められています。そのなかにも「プライバシーの保護」がひとつの項目としてあげられていますが、社会調査を行う場合にもそうした姿勢は不可欠です。

### 1．インフォームド・コンセント

　介護の現場で実施する介護研究を含め、どのような調査でも研究対象者があくまで自由意志により研究に参加・協力できるようにしなければなりません。「インフォームド・コンセント」という言葉を聞いたことがあるでしょうが、調査においても、対象者に対して研究に関する十分な「説明」とそれにもとづく「同意」が必要です。大まかには以下のような点について説明を行った後で、協力できるかどうか考える機会を与えたうえで、同意を得るとよいでしょう。
①研究の意図
②研究の方法
③協力にかかる所要時間や手間
④予想される危険性
⑤収集したデータの管理方法
⑥収集したデータの活用方法
　もちろん研究への協力は自由意志ですから、協力しないことによってなんら対象者の不利益になることはないことも伝

えておく必要があるでしょう。

## 2．プライバシーの保護

　研究対象者が調査に協力するかどうかとは別に、その研究の結果を公の場で発表する場合、研究対象者のプライバシーについて十分気をつける必要があります。多くのアンケート調査などでは、冒頭のあいさつ文のなかに「おたずねした結果につきましては、厳重に管理し、すべて数字の形で統計的に処理いたしますので、あなたのお答えになった内容やあなたのお名前が外部にもれることは全くありません」といった記述がなされますが、実際、研究者の側に立った場合はだれでも、収集したデータの取り扱いには責任をもってのぞまなければなりません。

　また、事例研究などで個人や施設が特定できるようなケースでは、どのような形なら結果を発表してよいのかについて、研究対象者の承諾を得なければいけません。多くの場合、事例研究の研究発表においては、匿名の表現や仮名を用いたり、また、実際のプロフィールに多少手を加えたりします。本人が大丈夫と応じたとしても、研究者の側はできるかぎり研究対象者に対して予想される影響に敏感であるべきでしょう。

## Ⅲ　対象を選ぶ

　Ⅰ節においていくつかのデータ収集方法を紹介しましたが、いずれの方法でデータ収集を行う場合にも、「だれを」研究対象者として、「だれから」データ収集を行うかについて、あらかじめきちんと検討しておかなくてはなりません。「**標本抽出**（sampling）」というのは、この「だれを」と「だれから」の間に位置する作業です。研究対象として想定されているすべての人からデータ収集を行うことができるのであれば、このことについてとくに考える必要はないのですが、実

際には手間や経費の問題もあって、想定される研究対象のうち、その一部の人びとのみを**サンプル**（標本）として、そこからデータ収集を行うことが多くなります。

## 1．量的研究における標本抽出
### 1-1　全数調査と標本調査

　調査において対象として想定されているすべての人のことを「**母集団**」といいます。「**全数調査**」とは、その母集団すべてからデータ収集を行うことです。研究テーマがもともと「○○施設△△園における職員の意識」といった限定的な対象を想定したものであれば全数調査も可能ですが、たとえば「国内における介護福祉士の意識」といったテーマを掲げる場合、母集団の範囲が広くなり、予算や手間の問題から全数調査は困難となります。そこで行われるのが母集団のなかから一部をサンプルとして抜き出す標本抽出です。そのように研究対象のなかから一部のサンプルを抜き出して行う調査を「**標本調査**」といいます。

　ただし、このサンプルの抽出には十分な注意が必要です。たとえば、テレビや雑誌などで「高校生100人にアンケートした結果……」などといった数値が発表されることがありますが、たまたま渋谷の街を歩いていた100名の高校生の意見が、日本全国の高校生の意見を代表するものであるとは、とてもいえないことは明らかでしょう。

### 1-2　有意抽出と無作為抽出

　サンプリングの方法には、主に有意抽出と無作為抽出の2つがあります。有意抽出とは、母集団を代表すると思われるサンプルを研究者が作為的に選ぶ方法で、後で述べる事例研究のような質的研究の場合、多くは有意抽出によってデータ収集の対象を選択しています。これに対して、無作為抽出（random sampling）とは、サンプルを無作為に選択する方

法です。もちろん、無作為といっても、その辺りにいる人から手当たり次第にデータを収集するのではありません。むしろ、厳密にランダム性を追求する必要があります。無作為抽出を行うためには以下に紹介するようないくつかの方法があります。

①**単純無作為抽出法**：母集団全員に一連の番号をつけ、乱数表を用いたり、くじ引きによって必要な数だけ抽出します。

②**系統抽出法**：はじめの1標本のみ乱数表などで選び、以後はデータ収集を行うサンプル数で母集団を割った数により、一定間隔で抽出します。

③**多段抽出法**：何段階かの操作を経て標本を抽出します。たとえば、まず対象とする市町村をサンプリングにより選択し、次にその市町村内の施設から対象とする施設をサンプリング、最終的に施設内の職員からサンプリングといった要領で行います。

④**層別抽出法**：母集団をなんらかの種類別（地域、性別、年齢など）に分けておき、各層の全体に対する割合に応じて無作為抽出を行います。

　こうした無作為抽出を行うための前提として、母集団である研究対象者のリストを準備しておく必要があります。学生を対象とするのであればその学校の学生名簿が、施設職員を対象とするのであればその施設の職員名簿が必要です。社会調査などである都市の成人について調査を行う場合は、その都市の選挙人名簿などがリストとして用いられます。

## 2．質的研究における標本抽出

　あらかじめ調査対象の範囲を明確にすることを前提として進められる量的研究と異なり、質的研究では、そもそも多数の調査対象が存在せず、対象者の名簿もないような場合もあります。そのような場合、「**雪だるま式抽出**（snowball sampling)」とよばれる抽出法が用いられます。これははじめに手がかりとなる少数の個人をサンプルとして抽出し、それらの人たちの紹介、そして、そのまた紹介といった具合にデータ収集の対象者の輪を広げていく方法です。前項で紹介した無作為抽出と同様にきちんとしたリストが存在しないけれど、一定の質やつながりを有する人びとからデータ収集を行いたいという場合には有効です。

また、質的研究では、データ収集を行いながら、同時に分析を進めていくため、次に必要なデータのタイプが、そのプロセスのなかで見出されることも多々あります。そうしたある種の理論を産出するために行うデータ収集のプロセスを、代表的な質的研究法のひとつ**グラウンデッド・セオリー法**(注1)の提唱者であるグレイザーとストラウスは、「**理論的サンプリング**」とよんでいます。

## Ⅳ　データをまとめる

さまざまなデータ収集の方法があるのと同じように、集められたデータをまとめ、分析するための方法も多様です。ここでは自分の手で介護研究のデータをまとめたり、他者がまとめた調査結果のデータを読み取ったりするうえで必要となるもっとも基本的な知識について見ていきましょう。

### 1．量的研究におけるデータのまとめ方—尺度の種類

量的データとして収集されたデータのなかには、以下にあげるように、分析における取扱い方が異なる4種類のデータが含まれています。一般に「名義尺度」と「順序尺度」は「**定性的データ**」、「間隔尺度」と「比率尺度」は「**定量的データ**」とよばれます。

#### 1-1　名義尺度

もともと数字ではないデータに識別のため数字を与えたも

(注1)
アメリカの社会学者であるグレイザーとストラウスにより、データに密着（grounded on data）しつつ解釈を積み上げて理論の形にまとめていく研究のあり方として提起された社会科学の方法論。現在、国内でも社会学のみならず、看護学や医学、心理学など諸領域で広く関心を集めている。

第*10*章　社会の見つめ方—社会調査という方法—　197

のです。たとえば、性別に対する回答を女性＝1、男性＝2、出身地を県別に福岡県＝1、宮崎県＝2……といった具合にコード化したものです。ここでの1とか2という数字には、なんの順序関係もありませんし、この数字自体を足したり引いたりすることにも意味がありません。

### 1-2　順序尺度

　名義尺度のように数字がたんに識別のためだけではなく、数字に順序に関する情報が加わったものです。たとえば、人間関係に関するデータで、「1番仲がいいのは○○さん、2番目は△△さん、3番目は……」といったものも順序尺度といえます。ただし、1番目と2番目の間隔と2番目と3番目の間隔とが等しいという保証はありません。

### 1-3　間隔尺度

　順序尺度と同様、数字の大小に順序関係があり、そればかりでなく数字と数字の間隔が等間隔であるものです。たとえば出生年などが間隔尺度で、この場合、昭和43年生まれの人と44年生まれの人の差と44年生まれの人と45年生まれの人の差は等しいといえます。ただし、間隔尺度においてはそのゼロ点に絶対的な基準が存在するわけではありません。たとえば、昭和20年生まれの人が昭和10年生まれの人の2倍という数字がなんの意味も持たないことは明らかでしょう。

### 1-4　比率尺度

　数字の間の等間隔性が保証されているばかりでなく、絶対的な原点を持つ尺度です。たとえば、体重が80kgの人は体重が40kgの人の2倍の重さであるといえるように、数字と数字の比が意味を持ちます。

　ここで注意しておかなくてはならないのは、間隔尺度や比率尺度の定量的データは、名義尺度や順序尺度の定性的データに変換することが可能ですが、その逆は不可能ということです。したがって、同じような内容についてデータ収集する

のであれば、より活用可能性の高い尺度でデータを収集しておくとよいでしょう。

## 2．量的研究におけるデータのまとめ方―データの要約

　量的研究でデータ収集を行った場合、取り扱うサンプルは数十あるいは数百以上にもなることが多いでしょう。変数の項目も多数存在するはずです。それらの膨大な数値をそのまま眺めてその内容を理解することは困難ですから、データの要約を行う必要があります。

### 2-1　代表値

①**平均値**（mean）：平均値は、代表値のなかでもおそらくもっとも一般になじみのあるものでしょう。クラスの試験の平均点や、平均年収などにもよく用いられるように、個々の測定値の和を標本数nで割った値です。なじみ深い平均値ですが、注意しておかなければならない点もあります。たとえば、図10-1のような形のグラフの場合、世帯別の貯蓄高の平均だけを見ると、約3分の2の世帯が平均値を下回っており、多くの人にとって実感のない値が平均値となります。こうした状態をきちんと分析するためには、他の代表値も確認する必要があります。

②**中央値**（median）：中央値は、すべての測定値を大きさの順に並べてちょうど真ん中にくる測定値のことです。測定値が偶数個の場合には、中央の前後の測定値の平均をとって中央値とします。中央値には平均値に比べて極端な値（はずれ値）の影響を受けにくいという利点があります。

③**最頻値**（mode）：最頻値は、データのなかでもっとも頻度の多い測定値です。名義尺度のデータの代表値として使用可能です。

### 2-2　散布度

　代表値は多数の測定値をなんらかの観点からひとつの値に

図10-1　さまざまな代表値

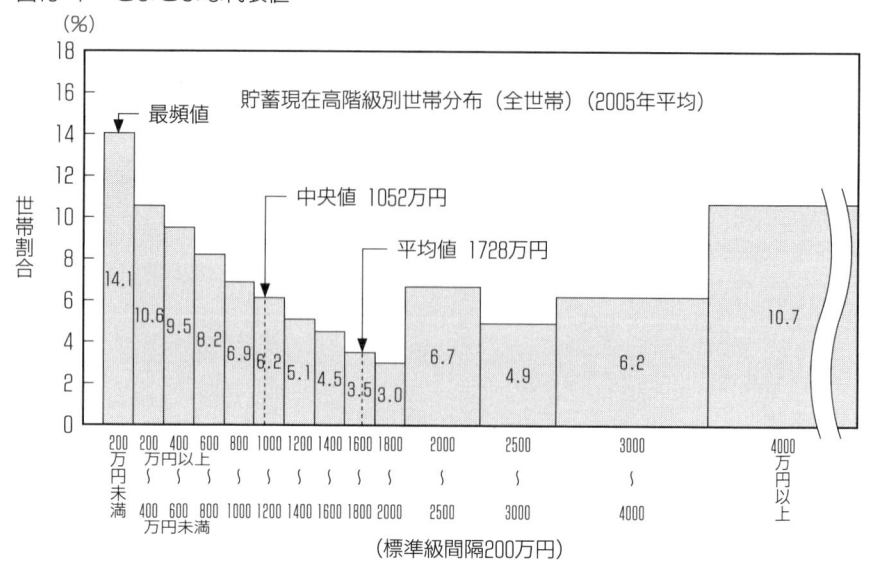

貯蓄現在高階級別世帯分布（全世帯）（2005年平均）

最頻値　14.1
中央値　1052万円
平均値　1728万円

200万円未満　14.1
200〜400万円以上400万円未満　10.6
400〜600　9.5
600〜800　8.2
800〜1000　6.9
1000〜1200　6.2
1200〜1400　5.1
1400〜1600　4.5
1600〜1800　3.5
1800〜2000　3.0
2000〜2500　6.7
2500〜3000　4.9
3000〜4000　6.2
4000万円以上　10.7

（標準級間隔200万円）

出典：総務省統計局「平成17年家計調査」

まとめたものでしたが、そこでは個々の測定値が持っていた情報はかなり切り捨てられてしまうことになります。それらの切り捨てられた情報のなかでも重要であるのは、個々の測定値がそれぞれ似たような値であったのか、それともかなり幅のある値であったのかという点でしょう。そうしたちらばりの度合を示すものを散布度とよびます。

①**範囲**（range）：離散性を示すもっとも簡単な方法は、1番小さな測定値と1番大きな測定値がどれだけ離れているのかを示すことです。これを範囲といいます。ただし、この場合には「はずれ値」の影響を排除することができません。

②**4分偏差**（quartile deviation）：4分偏差は、中央値と同じような考え方により、はずれ値の影響を避けようとする方法です。測定値を大きさの順に並べて、小さいものから測定数の4分の1番目にあたる測定値（Q1）を求め、同じ

ように大きいものから測定数の4分の1番目にあたる測定値（Q3）を求めます。Q1やQ3のことを「4分位数」とよびます。4分偏差は、Q1とQ3の差を2で割ったものです。

③**分散**（variance）：個々の測定値が平均値からどれだけ離れているか（偏差）に着目して、測定値のちらばり具合を算出したものが分散です。個々の測定値と平均の差である偏差を2乗して足しあげます。そして、それをn（標本数）で割ったものが分散になります。ただし、統計解析ではn−1で割った不偏分散を求めます。

④**標準偏差**（standard deviation）：分散は上に述べたとおり2乗してあるものなので、この効果をうち消すために分散の正の平方根をとったものを標準偏差といいます。多くの論文などでは、データのちらばり具合を示すために、この標準偏差が記されています。

## 3．質的研究におけるデータのまとめ方

質的研究において得られるデータは、観察において記録した「フィールドノーツ」や面接における会話のメモ、あるいはテープから書き起こして文書化した「トランスクリプト」、既存の介護記録やカルテなどの文書類や映像記録など、きわめて多岐にわたります。同時に、それらのデータへのアプローチのしかたやその基盤となる理論も多様であるため、量的データのように共通した手順が存在しているわけではありません。研究対象や研究テーマに応じて適切なまとめ方、分析のやり方を検討する必要があるといえるでしょう。

### 3-1　コード化・カテゴリー化

得られたデータをなんらかの概念の形で表現するために一般的に行われるのが「コード化」です。データは一定の意味の単位に分けられ、コードをつけられます。ひとつの比較的短いインタビューからも、何十、何百というコードが生み出

されることもあります。そうした多数のコードをあらためてまとめていくなかで複数のカテゴリーが形成されます。さらに、カテゴリー間の関係を明確化していくなかで、分析が進められます。こうしたデータのまとめ方を行う方法のひとつとして前述した「**グラウンデッド・セオリー法**」があります。

### 3-2 シークエンス分析

　コード化やカテゴリー化を進めるなかで、データにおける固有の文脈が見失われる場合もあることから、データのそのような全体的性質に注意を払う立場にたつ「シークエンス分析」とよばれるアプローチがあります。

　以上に見てきたことは、社会調査という方法を用いて世界を理解するための入り口です。それぞれの方法についての詳しい解説書もたくさんありますから、以下にあげた文献なども参考にしながら、さらに自分に必要な分野について理解を進めてください。


さらに勉強したいひとのために

矢原隆行『はじめての介護研究マニュアル―アイデアから研究発表まで』保育社，2002年．
谷岡一郎『「社会調査」のウソ―リサーチ・リテラシーのすすめ』文藝春秋，2000年．
森岡清志編著『ガイドブック社会調査』日本評論社，1998年．
佐藤郁哉『フィールドワーク―書を持って街へ出よう』新曜社，1992年．

# 索　引

## ア行

アイデンティティ　98
アイデンティティ・ゲーム　104
アウトサイダー　125
アノミー　115, 116, 118
１次的適応　72
逸脱　122, 128
一般化されたカテゴリー　93, 94
一般化された他者　71, 93
意図せざる結果　63, 77
因果関係　56
印象操作　105
インフォームド・コンセント　193
エンプティネスト期　147
オールド・カルチャー　179

## カ行

介護研究　188
下位文化　78, 165
過剰同調　121
カセクシス構造　134
家族　144
家族機能縮小論　150
価値の奪い取り　105
価値の取戻し　105
家庭　145
カテゴリー化　201
家父長制　134
「関係」アイデンティティ　103
観察　191
感情労働　140, 183
官僚制　175
機能分析　62
客我　71
行政区域　169

グラウンデッド・セオリー法　197
ケアされるケア　65
ケーススタディ　189
権力　123
権力構造　134
行為類型　60
高齢者虐待　156
古典的専門職　179
コード化　201
コミュニケーション　83, 86, 90, 91
コミュニティ　168

## サ行

散布度　199
ジェンダー　129, 132
ジェンダー・アイデンティティ　130
自我　70
自己開示　88, 89
自己同一性　98
自己の存在証明　98
自己の内的な一貫性の感覚　99
実態の問い　54
質的調査　189
自分と他者がある本質的な部分を共有しているという感覚　100
社会解体論　164
社会規範　115
社会構造　58
社会調査　188
社会的再生産　59
社会的変容　59
社会的役割　94
主我　71
「所属」アイデンティティ　102
ジョハリの窓　86
事例研究　189
人格の固有性　94, 96
スティグマ　122
性　129
性アイデンティティ　130
生活様式としてのアーバニズム　163
性規範のダブル・スタンダード　134
性別分業　133, 135
セクシュアル・アイデンティティ　130

索引　203

全数調査　195
全面的収容施設　73, 76, 78, 79
専門職支配の構造　177
専門職性　178
専門性　177
組織　173
村落共同体　159

**タ行**

第1次逸脱　124
第1次社会化　68, 81
第1次集団　68, 81
第2次逸脱　124
第2次社会化　69
第2次集団　70, 81
代表値　199
他者性　89
他者の役割の取得　71
地域　169
地域社会　159
地域密着型介護サービス　171
知的労働　183
調査票調査　189
調査倫理　193
直系家族　146
直系家族制　146
つながりの感覚　100
ディプライバタイゼーション　152
同心円地帯理論　162
同調　120
同僚性　187
都市　160
トランスヴェスタイト　131
トランスジェンダー　131
トランスセクシュアル　131

**ナ行**

肉体労働　183
2次的適応　73, 76, 79
ニュー・カルチャー　181
農村　160
「能力」アイデンティティ　103

**ハ行**

パーソン・センタード・ケア　109, 128, 180
パッシング　89, 106
発達の問い　55
比較の問い　55
被収容者　74, 79
標本抽出　194
標本調査　195
フィードバック　88, 90
フィールドノート　83
フィールドワーク　83, 95, 192
夫婦家族　146
複合家族　146
不払い労働　133
プライバシーの保護　194
プライバタイゼーション　151
分化的接触　77
分業構造　133

**マ行**

身ぶり　92
無作為抽出　195
名誉挽回（補償努力）　105
面接調査　190

**ヤ行**

役割　119, 120
役割獲得　120
役割葛藤　121
役割期待　120
有意抽出　195
有意味なシンボル　92
有声身ぶり　92
雪だるま式抽出　196

**ラ行**

ライフコース　148, 149
ライフサイクル　148, 148, 149
ラベリング理論　124
量的調査　189
理論化の問い　55
労働と疎外　182, 183

編著者
**下山久之**（しもやま・ひさゆき）
名古屋文理大学短期大学部介護福祉学科専任講師、シルバー総合研究所研究員
『写真でみせる回想法』（弘文堂）、『ライフレビューブック』（弘文堂）、『新・痴呆性高齢者の理解とケア』（メディカルレビュー社）などを共同執筆。
『介護福祉のための社会学』執筆者（50音順）

著者（50音順）
**出口泰靖**（でぐち・やすのぶ）
千葉大学文学部行動科学科社会学講座助教授
**中村裕美子**（なかむら・ゆみこ）
成田国際福祉専門学校専任講師
**矢原隆行**（やはら・たかゆき）
広島国際大学医療福祉学部医療福祉学科・大学院総合人間科学研究科医療福祉学専攻助教授

共通事例担当
**横山貴美子**（よこやま・きみこ）
山梨県立大学人間福祉学部助教授

---

**介護福祉のための社会学**　　介護福祉士のための教養学2

平成19年3月15日　初版1刷発行

編　者　下　山　久　之
発行者　鯉　渕　友　南
発行所　株式会社　弘文堂　　101-0062 東京都千代田区神田駿河台1の7
　　　　　　　　　　　　　　TEL 03(3294)4801　振替 00120-6-53909
　　　　　　　　　　　　　　　　http://www.koubundou.co.jp
印　刷　港北出版印刷
製　本　井上製本所

© 2007 Hisayuki Shimoyama. Printed in Japan
Ⓡ　本書の全部または一部を無断で複写複製（コピー）することは、著作権法上での例外を除き、禁じられています。本書からの複写を希望される場合は、日本複写権センター（03-3401-2382）にご連絡ください。

ISBN978-4-335-61062-2

介護福祉士のための教養学 全6巻